1ª edición, noviembre 1993
2ª edición, mayo 1994
3ª edición, enero 1995
4ª edición, noviembre 1995
5ª edición, diciembre 1996
6ª edición, julio 1998
1ª edición inglesa, junio 1999
7ª edición, junio 1999
8ª edición revisada y aumentada, enero 2001
9ª edición revisada y aumentada, febrero 2003
10ª edición revisada y aumentada, noviembre 2004
11ª edición revisada y aumentada, marzo 2006

Cómo educar
LA VOLUNTAD

Ediciones Palabra, S.A.
Madrid

Colección: Hacer Familia
Director de la colección: Jesús Urteaga
Coordinador de la colección: Fernando Corominas

© Fernando Corominas, 1993
© Ediciones Palabra, S.A., 2006
   Paseo de la Castellana, 210 - 28046 MADRID (España)

Diseño de portada: Carlos Bravo
Fotografía de portada: Archivo Hacer Familia
ISBN-13: 978-84-8239-505-0
ISBN-10: 84-8239-505-X
Depósito Legal: M. 7.075-2006
Impresión: Gráficas Anzos, S. L.
Printed in Spain - Impreso en España

Fernando Corominas

Cómo educar LA VOLUNTAD

Undécima edición
Revisada y aumentada

HACER
FAMILIA
educar en valores

Introducción

Con este libro de la colección «Hacer Familia» quisiera poder ayudar a los padres en un campo concreto e importantísimo de la formación de sus hijos: la educación de la voluntad: conseguir que nuestros hijos sean personas de voluntad fuerte y sana, capaces de querer de verdad. Capaces de:

— Querer ser personas responsables;

— querer a los demás;

— querer estudiar.

Los profesionales de la educación, por su parte, encontrarán una exposición sencilla y práctica de las nuevas tendencias en Pedagogía, que les ayudará a formar con más eficacia a sus alumnos y a colaborar mejor con los padres en la difícil pero apasionante tarea de educar.

Educar hoy es diferente[1]. Los medios de comunicación: la prensa, la televisión, la radio y el cine tienen una influencia creciente y no siempre transmiten los valores que los padres desean que vivan sus hijos. Del mismo modo, el ambiente, los amigos, los colegios, la calle... tampoco ofrecen siempre el ejemplo deseado. Estas influencias externas son tan importantes que exigen de los padres responsables una mayor preparación como educadores y han estimulado a los profesionales de la educación a desarrollar «Nuevas Pedagogías» que abren para los padres horizontes optimistas.

Por tanto, los padres debemos rechazar la tentación del pesimismo y, con entusiasmo, esforzarnos por conocer todos aquellos adelantos que, en el campo de la educación fami-

---

[1] Véase en esta misma Colección, F. Corominas, *Educar hoy*.

liar, pueden ayudarnos a conseguir los mejores resultados. Debemos aprender a educar mejor de forma que los buenos resultados sean lo normal en nuestra familia y el futuro sea aquel por el que hemos luchado y no una consecuencia del azar.

Nuestros hijos se merecen el esfuerzo. Y durante el camino, la familia vivirá más feliz y unida en el empeño común por mejorar.

Vivimos una era de cambios, también en el campo de la cultura educativa. Hasta ayer primaban los valores de la inteligencia: saber idiomas, sacar un «master»... Hoy son también muy importantes los valores intrínsecos de la persona: el ser libre y responsable con una voluntad fuerte y sana. Para conseguir este objetivo, ha sido escrito este libro.

La exposición está dividida en siete capítulos.

El primero nos introduce en la materia y describe lo que es un PLAN DE ACCIÓN.

Los capítulos segundo, tercero y cuarto tratarán de los CUÁNDOS.

¿Cuándo hay que educar la voluntad?:

En su momento oportuno:
LA EDUCACIÓN TEMPRANA

Cuando exista «Sinergia Positiva»:
LA EDUCACIÓN EFICAZ

Llegando antes con el bien:
LA EDUCACIÓN PREVENTIVA

En los capítulos quinto, sexto y séptimo se desarrollarán los CÓMOS.

¿Cómo hay que educar la voluntad?

Como siempre... la Teoría «Z»:
LA EDUCACIÓN CON EL EJEMPLO

Nivelando premios y castigos:
LA EDUCACIÓN MOTIVADA

Educando diferente a cada uno:
LA EDUCACIÓN PERSONALIZADA

Educar bien es posible, pero no sencillo. El esfuerzo en común y la transmisión de experiencias entre familias ayuda a mantener la constancia y aumenta la eficacia, lo hace más fácil.

PARTE PRIMERA "A"

LA EDUCACIÓN TEMPRANA

La educación
de la voluntad

Las nuevas tendencias

El siglo XXI es el siglo de los servicios; más del 80% de la población del mundo civilizado trabajará en servicios.

Los servicios no se miden por su estética ni por su técnica, no son verdaderos o falsos.

Los servicios son buenos o malos; se miden en función de su calidad, en función de lo bien hechos que están.

• Servir bien a otros es darse.

• Para servir bien... hay que querer servir.

• Servir... es hacer un bien a otros.

El bien es lo propio de la Voluntad o dicho en otras palabras: la tendencia natural de la Voluntad es hacer el bien. Y cuando no lo hace se autojustifica diciendo: «No está tan mal». «Lo hacen todos». «Para mí es bueno».

En el campo de la educación familiar los cambios ya han empezado a producirse. Hasta ahora los objetivos principales de unos padres preocupados por la educación de su hijo han sido:

- **Que saque buenas notas.**
- **Que sepa matemáticas.**
- **Que aprenda idiomas.**

Y cuando es mayor

- **Que termine una buena carrera.**
- **Que obtenga un Master.**
- **Que sepa...**

El SABER es el objetivo y el SABER tiene su sede en la INTELIGENCIA.

Los nuevos tiempos nos traen objetivos más amplios que incluyen y superan los anteriores. Para saber hay que querer saber.

El objetivo estará centrado en el QUERER. Que nuestros hijos:

- Quieran estudiar.
- Quieran ser constantes.
- Quieran ser ordenados.
- Quieran ser obedientes.
- Quieran ser responsables.

Si esto se consigue, no habrá problema con el saber. Si quieren estudiar y tienen hábitos de orden, constancia y responsabilidad, las buenas notas serán una consecuencia y los títulos académicos otra.

La persona quiere por medio de la voluntad.

El querer tiene su sede en la VOLUNTAD. Con voluntad sana y fuerte es más sencillo alcanzar lo que nos propongamos.

Lo importante es que nuestros hijos sean:

Personas libres y responsables.

Y si lo son, serán capaces de estudiar y obtendrán los reconocimientos académicos necesarios que avalan los estudios hechos.

La inteligencia se desarrolla en la familia, con más intensidad durante los ocho primeros años de vida, y en la escuela.

La voluntad es educada básicamente en el seno de la familia. Los valores se adquieren en la convivencia familiar. Los padres han pasado a ser los protagonistas de la formación de sus hijos.

Las nuevas pedagogías nos aportan medios que hacen más sencillo educar. Pero educar no es fácil. Algunos de estos medios son tan antiguos como el mismo hombre. Las ciencias han sabido racionalizarlos y darles forma para poder ser aprendidos fácilmente. Nos han enseñado el porqué del cambio.

Las seis áreas de la educación de la voluntad

Las Nuevas Pedagogías desarrollan la educación de la voluntad en 6 áreas:

1.– La educación temprana.

2.– La educación eficaz.

3.– La educación preventiva.

4.– La educación con el ejemplo.

5.– La educación motivada.

6.– La educación personalizada.

Las tres primeras responden a «cuándo» es el momento más propicio para educar la Voluntad y las tres siguientes a «cómo» hay que educarla:

■ La educación temprana.

Se basa en el conocimiento de los Períodos Sensitivos. En los 8 primeros años se desarrolla el 90% del cerebro, y en esos años quedan definidos los cimientos sobre los que crecerá la persona[2].

■ La educación efectiva.

Nos enseña a crear Sinergia Positiva en el interior de la persona. Se apoya en la actitud positiva del educando. Si se esfuerza uno en educar, los resultados siempre serán mejores.

■ La educación preventiva.

Es mejor prevenir que curar. Adquirir un há-

---

[2] Véase en esta misma Colección, F. Corominas, *Educar hoy.*

bito nuevo antes de que arraigue un vicio nos vacuna contra él. Es más sencillo adquirir una VIRTUD cuando no existe el vicio.

■ La educación con el ejemplo.

La educación con el ejemplo ha sido y sigue siendo necesaria en una buena educación; sin ella no es posible educar bien. El mejor ejemplo es que nuestros hijos vean que nos esforzamos por ser mejores. Cuando toda la familia lucha por mejorar, con los mismos objetivos, se hace Teoría «Z», y es el mejor ejemplo.

Educar en Teoría «Z»
es el mejor ejemplo.

■ La educación motivada.

Los premios y castigos tienen que corresponderse con lo que queremos premiar o castigar. Premiar con algo material –dinero o cosas– una buena acción, un buen comportamiento, producen en el hijo deseo de ganar más dinero en vez de ganas de ser mejor.

El mejor premio a una buena acción es la acción en sí misma y su reconocimiento. No es fácil practicarlo, hay que aprenderlo.

■ La educación personalizada.

Todas las personas somos diferentes. Educar de igual forma a hijos distintos es perjudicar a unos en beneficio de otros, es una injusticia. Tenemos que conocer bien cómo son nuestros hijos y luego aprender a educar a cada uno según convenga a su forma de ser.

■ **Los Planes de Acción**

Un hábito bueno se adquiere por repetición de actos buenos relacionados con ese hábito. Los hijos no suelen hacer actos buenos por azar, hay que enseñarles, motivarles y ayudarles a hacerlos para que luego los hagan ellos solos.

Al conjunto de estos actos le llamamos **Planes de Acción.** Los Planes de Acción son las herramientas utilizadas para ayudar a nuestros hijos a adquirir hábitos y virtudes. Se pueden clasificar en tres apartados, según sea la intención de la persona que lo practica:

■ 1º Planes de Acción «consecuencia» de un **pasado.**

Son Planes de Acción que surgen en un momento determinado, no previsto, como consecuencia de una acción mal hecha, un mal comportamiento o actitud. Los padres actúan sobre un hecho pasado que deben corregir.

■ 2º Planes de Acción «vividos» en el **presente.**

Son Planes de Acción que persiguen el mejor cumplimiento de unas normas, costumbres o encargos, establecidos o que se establecen con el propósito de facilitar una buena convivencia y estimular las virtudes de la familia cada día presente.

■ 3º Planes de Acción dirigidos al **futuro.**

Son Planes de Acción establecidos por los padres y que no obedecen a un hecho ocurrido o a un defecto ya existente que se fuese a corregir sino que constituyen una «inversión», más a medio o largo plazo, para conseguir un hábito o virtud determinada previamente.

DIÁLOGOS FAMILIARES

La familia Moya

En una ciudad de España, Madrid, vive el matrimonio Moya, Mary y Juan. Juan es científico y trabaja en la Universidad en un programa de investigación. Mary es enfermera y trabaja a media jornada de 9 a 13 de la mañana, en un hospital cerca de su domicilio.

Se casaron hace diecisiete años. Hace un año regresaron de Monterrey, México, en donde pasaron nueve años; allí nacieron Javier, que tiene un año y Patricia con siete. Los dos hijos mayores nacieron en Madrid. Daniel tiene once años y Ana es una adolescente que con sus dieciséis ya se las sabe todas.

Dos buenos amigos suyos de Monterrey, Tom y Virginia, han venido a pasar un mes en Madrid, por un viaje de trabajo de Tom. Les acompañan dos de sus hijos: Enry, de ocho años, y Hilda, de dieciocho; a los otros dos hijos pequeños los dejaron en México, con los abuelos. Tom es catedrático en la Universidad de Monterrey, pero su verdadera afición es la educación de los hijos y en especial las Nuevas Pedagogías.

Juan y Tom trabajan en un programa de investigación, patrocinado por las Naciones Unidas, sobre el Factor Humano.

* * *

Mary: Virginia, Tom, ¡qué alegría veros otra vez!

Virginia: Desde Navidades. Pero ahora Tom viene para trabajar.

Juan: Espero que el trabajo se prolongue.

Tom: Debemos regresar pronto, tengo mucho trabajo en Monterrey.

Mary: Cenamos en casa, la cena está preparada y después nos contáis.

Un cambio de cultura educativa

Las dos familias cenan juntas en casa de los Moya. Terminada la cena, toman café y empieza la tertulia.

Juan: Ayer leí en el periódico:

«Estamos viviendo un cambio de cultura

*educativa tan profundo que se debe conside-
rar como un cambio de era».*

Y añadía el autor del artículo:

*«En este siglo XXI las familias educarán a
sus hijos de forma diferente a como se ha hecho siempre».*

¿Qué sabes de esto, Tom?

Tom: Es cierto, estamos en los comienzos,
dentro de unos diez años, un gran número de
las familias del mundo desarrollado estarán
educando de otra forma.

Juan: El autor pone un símil muy original.
Hablando de naranjas dice que durante miles
de años se han transportado en carro arras-
trado por animales y en un plazo muy corto,
menos de cien años, los transportes se hacen
en aviones, camiones..., movidos por energía;
pero las naranjas siguen siendo las mismas,
antes y ahora.

Virginia: ¿Y eso qué tiene que ver con la educación?

Juan: Es un cambio fuerte, siempre se ha hecho de una manera, y ahora se hace de otra
completamente diferente: han cambiado los

medios de comunicación, pero «la naranja» sigue siendo igual.

La naranja son los valores, que permanecen constantes. Los medios de comunicación en la familia, la forma de decir las cosas, de mandar, de conversar, eso es lo que va a cambiar definitivamente. De la misma forma que hoy no tiene sentido transportar naranjas de Valencia a París en carro, tampoco tiene sentido, si existen sistemas más modernos a nuestro alcance, querer educar a nuestros hijos como nos educaron a nosotros. En ambos casos seríamos unos irresponsables.

Tom: Las circunstancias sociales hoy son distintas de las de antes: los medios de comunicación, la televisión, la calle, los amigos..., no son como antes.

Mary: Y las familias tampoco; nuestras abuelas estaban todo el día en casa y además tenían servicio. Yo trabajo fuera de casa y no tengo a nadie que me ayude.

Juan: Y yo ¡qué! Mi abuelo no ayudaba y yo sí.

Mary: ¡Es verdad!, pero más a mi favor, mayor es el cambio.

Un sistema experimentado: Las Nuevas Pedagogías

Tom: En los últimos años se han descubierto Nuevas Pedagogías que cambian la forma de educar en la familia.

Virginia: Tom siempre dice que si los padres supiésemos hacerlo, en las familias no habría fracaso escolar.

Tom: Además, los hijos se comportarían como personas libres y responsables. Y podrían tener un coeficiente intelectual alto.

Mary: ¡Pues ya me contarás! ¡A eso yo me apunto!

Juan: ¿Cuándo empezamos?

Tom: No es fácil, pero tampoco tan difícil; está al alcance de cualquier matrimonio que quiera hacerlo. Tenemos cuatro fines de semana por delante para comentarlo.

Mary: Tom, a mí me dan un poco de miedo las Nuevas Pedagogías y el cambio de cultura educativa. ¿Están comprobados esos sistemas?

Juan: ¿No estaremos probando con los hijos como si fueran conejitos de Indias?

Mary: Y si luego resulta mal... ¡Con los hijos no se deben hacer pruebas!

Tom: Tranquilidad absoluta. No hay ningún peligro, en todo momento vosotros mismos comprobaréis que no arriesgáis nada.

Mary: ¿Y cómo lo sabemos?

Tom: Por dos razones: Primera, solo debes hacer lo que pienses que es bueno, y en la duda, no lo hagas. Segunda, la propia realidad de la vida nos ha confirmado que estamos en el buen camino.

Juan: ¿Cómo se ha confirmado?

Tom: Desde hace siglos siempre han existido familias que han sabido educar muy bien a sus hijos.

Mary: Conozco algunas que lo hacen excelente.

Tom: Si tienen seis hijos, cinco son excepcionales y el sexto, que según ellos tiene algún problema ¡yo lo querría para mí! Los seis son de primera clase.

Mary: ¿Y qué tiene que ver eso con lo nuestro?

Tom: Se han escogido cien familias, de diferentes países y de distintas clases sociales, y se ha estudiado con detalle cómo educan. ¡Sorpresa! En líneas generales coincide lo que ellos hacen con lo que las Nuevas Pedagogías dicen que se debe hacer.

Juan: Pero ellos no sabían nada de Períodos Sensitivos, de Instintos Guía, ni de neuronas. ¿Cómo lo hacían?

Tom: Te pondré un caso:

Una familia educa dando ejemplo y exigiendo a sus hijos: orden en las cosas, obediencia, ayuda en la casa, responsabilidad en los encargos, horarios de estudio. No suelen gritar, ni pegar. Reconocen los esfuerzos por ser mejores y hay alegría en la familia.

Si esto lo hacen normalmente como una costumbre, cuando llega el período sensitivo, el hijo recibe los mismos estímulos de siempre pero los aprovecha mejor, y adquiere el hábito que luego en un ambiente de cariño y amor él mismo convierte en virtud. La familia vive en un clima propicio para el desarrollo de valores.

Mary: ¿Y dónde lo han aprendido?

FERNANDO COROMINAS

Tom: En casi todos los casos estudiados hemos encontrado una madre y una abuela que lo transmiten de padres a hijos. Casi siempre por vía materna. Es un ejemplo que se transmite de generación en generación y que la propia experiencia les demuestra que es válido.

Virginia: Lo que dicen las Nuevas Pedagogías, especialmente en lo referente a la educación de la voluntad, coincide con la experiencia recogida en estas familias que lo hacen bien, y siempre lo han hecho así.

Juan: Realmente es una buena comprobación.

Tom: Con los hijos no se deben probar cosas nuevas. En este caso no existe ese peligro, todo lo que se sugiere viene avalado por la experiencia.

Virginia: Hablando de la importancia de educar la voluntad, Tom, ¿por qué no cuentas aquella anécdota que se titulaba «Un error de currículum»?

Tom: Sí, nos puede aclarar conceptos, la leí en un periódico de New York, y era una anécdota real sobre cómo debe prepararse un currículum para encontrar trabajo.

Virginia: Se refería más bien al futuro.

Tom: La anécdota sucedió hace unos meses pero, según el autor, será algo muy frecuente en la sociedad futura.

Mary: ¡La de nuestros hijos!

Tom: Si la memoria no me falla...

Y Tom contó la siguiente anécdota:

Un caso: «Un error de currículum»

Pedro busca trabajo, es ingeniero industrial y ha dirigido un departamento de soldadura en los últimos cinco años, es un especialista en soldadura.

Leyendo el periódico localiza que una empresa multinacional necesita cubrir dos puestos de trabajo.

Puesto A = Especialista en soldadura, nivel universitario.

Puesto B = Especialista en ordenadores, nivel universitario.

Para el puesto A ofrecen unas condiciones económicas aceptables. Pedro presentó su currículum para el puesto A. Aprobó toda clase de entrevistas, encuestas y exámenes psicotécnicos...

Al cabo de un mes recibió la carta. Había aprobado, le habían adjudicado un puesto de trabajo: el puesto B. Pedro pensó: «Debe ser un error de currículum. En ordenadores no tengo experiencia...».

Pedro solicitó una entrevista con el Director de Personal y se revisó su expediente. ¡No había ningún error! ¡El puesto B era para Pedro! El puesto A se lo habían adjudicado a otro candidato que superaba a Pedro.

Esta fue la explicación que le dieron a Pedro:

«Para nuestra empresa la contratación de personal nuevo es muy importante, hacemos lo posible para no equivocarnos.

Hemos analizado su vida y sabemos que usted
- *es trabajador;*
- *es leal a su empresa;*
- *trabaja bien en equipo;*
- *es constante y ordenado.*

Además posee un nivel académico universitario y tiene cinco años de experiencia en

*empresas. Con este currículum le hemos ad-
judicado el puesto B. ¿Lo quiere usted?»*.

Pedro: Pero yo no tengo experiencia en ordenadores.

Director de Personal: En cuatro meses, nosotros le enseñamos los conocimientos necesarios y en un año tendrá la experiencia que
pedimos. En un año y medio, usted será la
persona idónea para ocupar ese puesto.

¡Las características que usted tiene como
persona no se pueden adquirir en dos años, y,
a veces, ni en toda la vida! *¡Es un puesto de
gran responsabilidad!* No nos hemos equivocado. Usted es el mejor.

* * *

Tom: Buscaban una persona con una voluntad sana y fuerte.

Juan: Las nuevas tendencias van por ese camino.

Tom: En el siglo XX lo principal ha sido los
conocimientos, las carreras y los títulos. En el
siglo XXI se apreciará más lo que una persona
es, sus valores como persona.

La educación temprana

La educación temprana está de moda. Pero tratando el tema de la voluntad, ¿qué es la educación temprana?

«Es estimular especialmente un valor o una virtud en su período sensitivo».

«Es conseguir una mejora personal en el momento idóneo».

¿Qué es un Período Sensitivo?

Es el momento en el que el desarrollo evolutivo de las capacidades de la persona facilitan y potencian unos determinados aprendizajes, para los que, biológica y psicológicamente, se está en mejores condiciones.

El cerebro y la educación

Una persona adulta es el resultado de la libre aceptación y el libre desarrollo de la estimulación recibidos desde que nació. Hoy día, como ya hemos dicho, la aportación genética es inferior al 20% de los resultados finales.

La persona no puede aceptar, ni desarrollarse sobre unos estímulos no recibidos.

De aquí se deduce la importancia de la educación temprana. Desde la gestación hasta los 8 años, aproximadamente, el enriquecimiento del cerebro es una consecuencia de las conexiones que se efectúan entre las neuronas. Estas conexiones se llevan a cabo al estimular el cerebro en el momento de la maduración de las neuronas.

En otras palabras:

A mayor número de estímulos y a mejor calidad de los mismos habrá más conexiones entre las neuronas y, como consecuencia, mayor enriquecimiento del cerebro.

El cerebro también puede enriquecerse perfeccionando sus conexiones neuronales. Este segundo proceso es el que caracteriza los períodos sensitivos en la segunda parte del desarrollo de la persona –desde lo nueve años– hasta su madurez.

Cada hábito tiene su mejor momento, el más oportuno, en el que su aceptación es más fácil. Educar conociendo estos datos y potenciándolos es a lo que se le da el nombre de Educación Temprana.

No es condición suficiente que se reciban los estímulos. La persona –ser libre y responsable– tiene que querer aprenderlo, tiene que facilitar la mejora personal. Por medio de las motivaciones se puede hacer más fácil el deseo de aprender algo, en especial cuando se trata de un estímulo bueno para quien lo recibe y le ayuda a mejorar como persona.

La voluntad tiende a querer la belleza, la verdad y el bien. Es una tendencia natural que llevamos todos dentro. Es un Instinto Guía heredado, propio de nuestra naturaleza humana.

En sentido figurado, podemos decir que las

neuronas son grandes o pequeñas, ricas o pobres, como resultado de una herencia genética. Sabemos que solo utilizamos como valor medio un 10% de su capacidad. Este valor puede oscilar, en condiciones normales, entre un 5 y un 25%.

Una neurona rica por nacimiento que ha sido estimulada, después de nacer, en un 7%, está en peores condiciones que una neurona más pobre, pero que ha sido estimulada en un 18%. La respuesta de esta última, en la zona estimulada, será superior a la primera. La estimulación puede realizarse en dos formas diferentes:

Primero, aumentando las conexiones entre neuronas. Al nacer no existen conexiones. Este proceso de aprendizaje se realiza con más intensidad hasta los 8 años.

Segundo, fortaleciendo y enriqueciendo las conexiones ya establecidas. De esta forma se aumenta la velocidad de información entre las neuronas, proceso que se lleva a cabo con mayor intensidad en los períodos sensitivos, entre los 9 y los 18 años.

La influencia de los padres

De acuerdo con lo expuesto se puede decir: *En gran medida, está en manos de los padres el que sus hijos sean:*

— Músicos.
— Políglotas.
— Ordenados.
— Inteligentes.
— Deportistas.
— Generosos...

Siempre dependerá de que ellos quieran serlo; pero la influencia de los padres en la forma de motivar, hará más fácil la decisión de sus hijos.

Los primeros estímulos los dan los padres.

No es fácil que una misma persona destaque a la vez en campos diferentes:

— Un conocido pianista.
— Un gran matemático.
— Excelente tenista.
— Pintor de fama...

Cada una de estas especialidades necesita mucho tiempo de aprendizaje y de concentración, y ambas cosas son limitadas.

No debemos olvidar que la capacidad de las personas para aprender es limitada, y cuando nos acercamos a este límite, la propia persona se niega a seguir aprendiendo.

No se puede abarcar todo. Debemos elegir. La mayor parte de los períodos sensitivos suceden antes de los 10 años. Y con mayor intensidad y riqueza de asimilación antes de los 6 años.

Los niños, a estas edades, no están en condiciones de decidir, libre y responsablemente, qué quieren ser de mayores. Son los padres, por lo tanto, los que tienen la libre responsabilidad de elegir por sus hijos.

Los hijos, en cualquier momento, podrán querer o no querer hacer lo que los padres les proponen, aunque dependerá en gran parte de la forma en que se les motiva.

Por el contrario, a estas edades, no tienen capacidad de decisión, ni son libres para aprender algo que sus padres no quieran. No pueden aprender una cosa si no reciben los estímulos apropiados. Distinto es que una vez recibidos, quieran aceptarlos o no. Pero la primera condición no tiene alternativa.

Pongamos algunos ejemplos:

La estimulación física

«Unos padres quieren que su hijo cuando sea mayor nade bien».

Con 4 ó 5 años, le ponen un profesor de natación. El profesor sabe motivar correctamente. El niño nadará mejor que otros, él lo sabe, y hacer las cosas bien le gusta, quedar bien delante de sus amigos le agrada. Normalmente, si se le facilita la oportunidad, nadará. Cuando sea mayor será uno de los que mejor nadan de su clase. Si las neuronas y aptitudes genéticas le son favorables puede llegar a campeón de su ciudad o a medalla de oro; pero en cualquier caso, será de los mejores de su colegio.

Podemos decir lo mismo del fútbol o de cualquier deporte. Si su padre, desde los 3 años, le enseña a jugar con una pelota, el niño lo hará cada vez mejor. A toda persona le gusta hacer lo que hace bien, no será difícil aficionarle, tendremos que facilitarle los medios. Es muy probable que forme parte del equipo del colegio, y que sea de los mejores. El puesto dentro del equipo dependerá también de sus características naturales genéticas: alto o bajo, diestro o zurdo, etc.

La estimulación intelectual

Luis es hijo de padres alemanes, viven en España, estudia en un colegio inglés. En su casa habla alemán, en el colegio inglés y, con sus amigos y vecinos, español. A los 5 años hablará correctamente tres idiomas, y rara vez los mezclará.

Ha sido el resultado de tener unos estímulos y una motivación correcta. La posibilidad de que se niegue a hacerlo es muy pequeña, aunque puede darse.

Las conexiones de las neuronas que gobiernan el habla son más numerosas y ricas que lo normal. Al niño, cuando sea mayor, le costará poco trabajo aprender un cuarto idioma. Su coeficiente intelectual en el área de idiomas será muy alto. En el colegio será uno de los mejores en esta materia.

Este resultado es independiente de la genética de las neuronas. Si en vez de ser hijo del matrimonio alemán, fuera adoptado desde su nacimiento, el proceso es el mismo. Si además añadimos una genética rica en sus neuronas, será de esas personas privilegiadas que habla seis o siete idiomas correctamente.

Cómo facilitarle un buen oído:

— Ponerle a oír música desde los 6 meses antes de nacer hasta los 2 años y medio.

Le estamos potenciando:

— La afición a la música;

— entender mejor los idiomas;

— hablar los idiomas con mejor pronunciación;

— tener menos faltas de ortografía; se percibe mejor la entonación de las sílabas de cada palabra.

Desde los 2 años y medio hasta los 4 es mejor disminuir las audiciones musicales a un tiempo normal. En este período debemos dejar que se potencien, con carácter prioritario, las zonas cerebrales correspondientes al habla. A partir de los 4-5 años se puede volver a insistir en las audiciones musicales.

A título de ejemplo, trataremos algunos de los períodos sensitivos, referidos a la voluntad, que representan el momento más temprano para ayudar a potenciar un hábito, un valor o una virtud.

Hábito o Virtud	Período sensitivo
El orden	1 a 3 años
La obediencia	3 a 6 años
Generosidad	6 a 9 años
Laboriosidad	8 a 12 años
Solidaridad	12 a 15 años
Lealtad	14 a 18 años

La voluntad se apoya en la inteligencia para adquirir hábitos y virtudes.

Cuando hablamos del desarrollo del *cuerpo* o de la *inteligencia* nos referimos a la Estimulación Temprana, reservando a la voluntad el término de Educación Temprana.

Las personas no nacen deportistas, inteligentes y generosas. Se hacen deportistas, inteligentes y generosas, gracias a los estímulos recibidos y a su capacidad de ser libres y responsables.

Los hijos de padres inteligentes o músicos no son normalmente inteligentes y músicos por ser hijos de sus padres, sino porque han convivido con ellos desde pequeños. Cuando no ha habido una convivencia viva y estrecha, no veremos necesariamente en los hijos las aptitudes de los padres.

Las aptitudes y la forma de ser de las personas, en su mayor parte, no son hereditarias. Se adquieren en la convivencia, gracias a los estímulos recibidos, principalmente durante los períodos sensitivos[1].

La educación de la voluntad

En el campo de la voluntad, la situación es más compleja, pero se rige por principios similares.

---

[1] Para más detalles, leer en esta misma Colección, F. Corominas, *Educar hoy*.

43

Al ser propio de la voluntad la capacidad de decidir, si una persona quiere es más fácil modificar los resultados. Igual que podemos adquirir la habilidad de nadar o de hablar tres idiomas, también podemos adquirir el hábito de ser ordenados, estudiosos o constantes...

Supongamos que queremos que nuestro hijo sea ordenado:

En los primeros meses cuidamos el orden en su aseo personal, en las comidas y en el sueño. Desde los 2 años le enseñamos que cada cosa tiene su sitio, y jugamos con él a ser ordenado con sus juguetes y su ropa.

El período sensitivo del orden lo viven los hijos en sus primeros tres años. Si «sabemos motivarles», condición importante, será fácil que adquiera el hábito. Hasta los 5 años le ayudaremos a vivir el orden y cada vez le será más fácil.

Cuando tenga uso de razón le motivaremos a querer ser ordenado, porque es bueno. Es bueno para sus padres y hermanos y le da a él alegría serlo...; estamos en el camino de que adquiera la virtud del orden. A partir de entonces le gustará más ser ordenado y le costará menos trabajo que a otros serlo.

En cualquier momento de su edad, porque es libre, puede conscientemente no querer ser ordenado; pero como su estructura cerebral la tiene preparada le será fácil recuperarlo. Un niño educado en el orden, lo más probable es que le guste ser ordenado.

De forma similiar, aunque diferente en el tiempo y la forma, podemos ayudarle a ser: estudioso, obediente y responsable...

Hasta la adolescencia, los hábitos pueden actuar en el cerebro como los idiomas; un niño puede aprender dos idiomas en dos entornos diferentes, su casa y el colegio, y en cada lugar hablar el idioma que le corresponde.

De la misma forma un niño puede aprender a ser en el colegio:

— Ordenado.

— Generoso.

— Obediente...

y al mismo tiempo ser en su casa con su familia:

— Desordenado.

— Egoísta y

— Desobediente...

En el Período Sensitivo correspondiente, recibió estímulos diferentes en el colegio y en su casa, y aprendió a comportarse de forma distinta en ambientes diferentes.

Cuando ese niño va a casa de un amigo, él, inconscientemente, elige uno de los dos comportamientos. Si es amigo del colegio es más probable que se comporte perfectamente como está acostumbrado a hacerlo en el colegio. La madre de su amigo llamará a su casa y le dirá a su madre:

—*¡Tienes un hijo buenísimo! ¡Si supieras lo ordenado y obediente que es, nos ha ayudado en todo!*

Y la madre, hasta puede sentir el orgullo de decir, ¡aquí no se porta bien!, pero ¡yo lo debo hacer muy bien! Sin llegar a enterarse que su hijo tiene dos modelos diferentes de comportarse y no es ella la que educa bien, sino su colegio.

Este comportamiento irregular se suele terminar sobre los 12 ó 14 años, y en cualquier caso antes de los 20. A esta edad el niño es más consciente de su propio comportamiento; su interior le exige coherencia en su forma de actuar, debe elegir uno de los dos y adoptarlo como su forma normal de ser; en este momento depende de su motivación interna y de su formación moral que elija uno de los dos.

También es cierto que si, en un momento de su vida, quiere cambiar al otro comportamiento le es más fácil por haberlo vivido en sus primeros años, y esto es válido para mejorar o para empeorar su forma de actuar.

DIÁLOGOS FAMILIARES

Mary está contenta y al mismo tiempo preocupada. Es domingo y les espera una tarde con una tertulia tranquila. El tema de hoy no lo ve claro, hay cosas en las que no está de acuerdo. Ayer discutieron Juan y ella. A Juan tampoco le convencen.

Tom y Virginia quedaron en venir a las 4, merendarán juntos. Las dos hijas mayores, Hilda

47

y Ana, se fueron de excursión, no regresarán hasta las 8. A los demás niños les hemos escogido un buen vídeo: *Mary-Poppins*. Después jugarán a comprar y vender que es el juego preferido por Dani. Patricia y Dani se han pasado la mañana preparándolo. Horas y horas pintando todo lo que se puede comprar en un supermercado: frutas, carne, pescado... El dinero lo tomaron de otro juego... Llaman a la puerta.

Mary: Abre, Juan. Seguro que son ellos. Son las 4.

Virginia: ¿Tenéis noticias de los hijos? ¿Habrán llegado bien?

Tom: ¿Habéis leído las notas que os dejé la semana pasada?

Juan: Enry, ven al cuarto de estar, que hoy tenemos preparada una película muy bonita.

Los niños, después de los saludos de rigor, se sientan a ver el vídeo. Los dos matrimonios se acomodan en la terraza. Hoy les espera una tarde tranquila, pero –como decíamos– el tema que ha propuesto Tom no es fácil.

Mary: No estoy de acuerdo con esos apuntes que nos dejaste, Tom.

Juan: La Educación Temprana no es fácil.

Tom: Vayamos tratando las dudas que tengáis, poco a poco. Mary, ¿qué es lo que no entiendes?

Mary: Lo entiendo todo, pero no estoy de acuerdo. Juan, lee las preguntas que preparamos ayer.

Juan: ¿Las leo una a una, o todas seguidas?

Tom: Prefiero conocerlas todas, así las ordenamos y las vamos discutiendo poco a poco.

Juan: La idea de poder fabricar los hijos a mi antojo no nos gusta. ¿Dónde está su libertad? Los niños superdotados no siempre son felices.

Mary: A veces son inadaptados y hasta malos estudiantes.

Juan: Al elegir tú lo que van a hacer bien: pintar, música, un deporte..., les estás determinando lo que van a ser de mayores. ¿Y si luego no quieren?... ¿No habrán perdido su tiempo? ¿Cómo sé yo qué debo elegir entre tantas alternativas? ¿Cómo voy a decidir por él? ¿Y si él no quiere durante el aprendizaje?

Mary: Yo prefiero unos hijos normales, nada de hijos prodigios.

Juan: Y por último, ¿no estaremos cayendo en el conductismo?

Virginia: No esperaba veros tan negativos. En todo esto hay muchas cosas positivas que es muy bueno conocer.

Tom: Iremos analizando los problemas uno a uno.

La Educación
Temprana
es verdad.

Tom se toma unos momentos de reflexión y continúa:

Tom: Lo primero que quiero dejar claro es que la Educación Temprana es verdad. Todo lo que está escrito en las notas que os di el otro día es cierto y está suficientemente contrastado con la realidad. Y si es verdad, ¿por qué no conocerlo?, ¿por qué no usarlo correctamente? Son unas magníficas herramientas para ayudarnos a educar mejor.

50

Juan: ¿Tan antiguo es...?

Tom: Lo que es muy reciente, en educación, es conocer el proceso interno del aprendizaje, las conexiones de las neuronas, los períodos sensitivos... Hoy se sabe que la maduración de las neuronas son procesos naturales; insisto: procesos naturales que se realizan en todos los aprendizajes. Es la forma natural que tiene la persona para aprender.

— Se aprende por estímulos.

— Y los estímulos en los Períodos Sensitivos son más eficaces.

Este es todo el secreto.

No se hace conductismo

Juan: ¿Pero no estaremos haciendo conductismo?

Tom: Cuando educas empleando métodos naturales, buscando en todo momento el bien de la persona y la verdad, no existe el conductismo ni tampoco manipulamos.

Mary: ¿Y cuándo sé que estoy buscando el bien y la verdad?

Tom: Te daré un consejo para siempre. Normalmente los padres, cuando educamos, sabemos lo que está bien y lo que está mal; pero si alguna vez tienes dudas el consejo es claro: ¡No lo hagas!

Juan: En la duda abstente, ¿no es eso?

Tom: Exactamente. Así tendrás la seguridad de no equivocarte.

Juan: ¿Y si te equivocas sin saberlo?

Tom: Educando a tus hijos no es fácil que ocurra, pero si sucediese, no estás manipulando, solamente estás cometiendo un error. Yo te aconsejo que actúes sólo en donde estés «bien» seguro. ¡Es fácil!

Los superdotados y los hijos prodigio

Tom: Hablemos de los superdotados.

Mary: Y de los hijos prodigio.

Virginia: Tom no es muy partidario de los hijos superdotados y entiende perfectamente lo que tú dices, Mary. En muchas ocasiones no son felices y hasta tienen problemas con los estudios.

Tom: Es cierto que estas investigaciones sirven para tener hijos prodigios. A mí tampoco me gustan los prodigios. Mary, yo prefiero preguntarte, ¿cómo te gustaría que fuesen tus hijos?

Mary: Normales.

Tom: Lo doy por supuesto, pero concréta-melo algo más.

Mary: Si me das a elegir...

— buenos estudiantes;

— deportistas;

— responsables;

— buenos cristianos...

Tom: Supongo que también...

— que tengan fuerza de voluntad;

— que sean «buenas» personas;

— trabajadores, alegres;

— que tengan valores...

Mary: También. ¡Lo doy por supuesto!

Tom: Pues bien, hoy día, gracias a los estudios hechos sobre la Educación Temprana, sabemos qué tenemos que hacer para ayudar a nuestros hijos a que se parezcan bastante a eso que tú quieres.

Juan: Será si él quiere, ¡claro!

Tom: Evidentemente, pero sabemos cómo

hay que darle los estímulos necesarios para que sea más probable que él quiera.

Mary: ¿Quieres decir que jugaré muchas papeletas a mi favor?

Virginia: Algo parecido. Tú lo haces bien y lo más probable es que salga bien. Las personas son libres y la seguridad no existe nunca.

Mary: Entiendo lo que me decís, ahora solo necesito que me convenzas. Ponme algún ejemplo.

Juan: ¿Se puede evitar el fracaso escolar?

Tom: La respuesta es sí, con una probabilidad muy alta. La seguridad no la tienes nunca.

Juan: ¿Dependerá de lo ricas que sean sus neuronas?

Tom: Depende mucho más de los estímulos que le des. ¡A mí las neuronas no me importan! No pretendo que mi hijo sea un Premio Nobel.

Mary: ¿También puedo conseguir que cuando sea adolescente se comporte como una persona libre y responsable?

Tom: Vayamos por partes. Cuando veo padres muy preocupados en que sus hijos aprendan matemáticas, física o un idioma, y se gastan el dinero en buenos profesores particulares, pienso: ¡Ese no es el mejor camino!

Mary: ¿Pero si sacan malas notas?

Tom: Si tú gastas el esfuerzo y el dinero en que tu hijo apruebe las matemáticas, o aprenda física, solo consigues que sepa más matemáticas o física, y eso en el mejor de los casos.

Juan: Pues has conseguido lo que quieres, ¿no?

Tom: Si tú gastas el esfuerzo en que tu hijo:

— **Quiera** estudiar;

— **quiera** ser constante;

— **quiera** ser ordenado;

— **quiera** ser responsable;

en una palabra, en que tenga valores y como consecuencia, fuerza de voluntad, el resultado es que le será más fácil aprender matemáticas o física a él solo. Probablemente ni siquiera se dará el caso de unas malas notas.

Conclusión: Educar la voluntad es el principio de una buena educación. Una persona con virtudes lo tiene mucho más fácil.

Mary: ¿Y entonces?

Tom: Aplica tu esfuerzo prioritariamente en conseguir hábitos buenos en tus hijos y luego motívales para que los conviertan en VIRTU-DES.

Juan: Y de la inteligencia, ¿nos olvidamos?

Tom: ¡No! Algo tendremos que hacer con la inteligencia. Aún no he contestado a tu pregunta del fracaso escolar. ¿Te importa que lo tratemos otro día? Hoy se me ha hecho tarde y quiero comentarte un problema que tengo que resolver mañana. Espero una llamada de Monterrey y me gustaría consultarte algo antes.

Mary: Veo que nos enseñas el pastel y no nos lo dejas probar, nos pones los dientes largos y no nos das de comer.

Tom: Creo que han salido ya muchas cosas.

Virginia: Estos temas son sencillos; pero, a veces, hasta que no se intenta con los propios hijos uno no se convence de su eficacia.

Tom: Os prometo continuar con estos temas hasta que queden totalmente claros; hasta dentro de tres semanas no regresamos a Monterrey. Tenemos tiempo suficiente.

Juan: Tom, ¿qué es lo que quieres comentarme?

Tom: Mary, toma (le da unos papales), esta tarde te lees este **Plan de Acción** que te he traído. Así iremos adelantando materia.

Mary: Gracias, Tom.

Virginia: Terminar pronto y no ser pesados.

PARA PENSAR PARA ACTUAR...

Para
recordar...

La influencia de los padres en la educación
es vital:
LOS PRIMEROS ESTÍMULOS
LOS DAN LOS PADRES.

Para
leer...

Para profundizar en la educación temprana
en niños pequeños, leer:
Nº 42: *La educación temprana de 0 a 3 años.*
Autora: Ana Sánchez.
Con hijos mayores, leer:
Nº 14: *Para educar mejor.*
Autora: María Teresa Aldrete.

Para
pensar...

Piensa en lo que deseas para tus hijos:
Que sean sinceros...
Que tengan fe...

Que sean ordenados...
y piensa si tú les das un buen ejemplo.

La Educación Temprana en el área de la voluntad es educar en valores:

Piensa qué Períodos Sensitivos están viviendo tus hijos y en cuál te conviene actuar: Generosidad... laboriosidad... amistad...

Actuar de este modo es llevar a cabo un Proyecto Educativo Familiar.

Para hablar...

Temas a hablar entre los padres:

Considerar qué Proyecto Educativo tenemos para cada uno de nuestros hijos y qué medidas estamos adoptado o vamos a adoptar para llevarlo a efecto.

Temas para hablar con un hijo concreto:

Elige uno de los valores que has pensado en

el apartado anterior y mantén una conversación con uno de tus hijos, a solas, habla de cómo lo vive y que él te sugiera cómo vivirlo mejor, ayúdale a mejorar.

Para actuar...

OBJETIVOS DE PLANES DE ACCIÓN:

Generosidad: Prestar lo tuyo...
Ayudar a un hermano...
Laboriosidad: Tener un horario de estudios...
Estudiar seguido...
Vida de Fe: Rezar en las comidas...
Pedir a Dios por un enfermo...

UN PLAN DE ACCIÓN

Un caso real: *Mis dos hijas mayores*

SITUACIÓN:

Tenemos tres hijos: Luis con 8 meses, y mis dos hijas mayores de 3 y 6 años, Natalia y Ángela. Llevamos un año practicando la Educación Temprana, lo aprendimos en el colegio. Ya hemos hecho varios Planes de Acción sobre obediencia, la televisión, la sinceridad... Pero esta vez queremos mejorar el orden y la responsabilidad. Queremos hacer el plan para las dos hijas. Pensamos en el orden para la pequeña Natalia y en la responsabilidad para Ángela. Mi marido es dentista, tiene consulta por las tardes en casa y yo soy su enfermera.

OBJETIVOS:
— Natalia (3 años): mejorar en el orden.
— Ángela (6 años): responsabilidad.

MEDIOS:
— Natalia, todos los días al bañarse, llevará la ropa sucia al cesto. Ordenará su ropa limpia y tendrá todos sus juguetes en su sitio. Solo podrá jugar con un juguete, el que ella elija. Para coger otro, dejará este en su sitio.
— Ángela, vigilar los horarios. Es una entusiasta del reloj. Sus abuelos le han regalado uno por su cumpleaños, será la responsable de avisarnos para que cumplamos el horario:
  • La comida a las 2.
  • La merienda a las 5.30.
  • Deberes y juegos a las 6.
  • A las 8 leer cuentos.
  • La cena a las 8.30.

- El baño a las 9.
- En la cama a las 9.30.

El horario es válido para mis dos hijas mayores, y Ángela también cuidará el orden de su ropa y de sus juguetes.

MOTIVACIÓN:

No fue difícil. A Natalia se lo presentamos como un juego divertido. Para Ángela ayudar a mamá en la casa era su principal motivación. El reloj era un premio. Nada más decírselo, estaba esperando a que llegase el día siguiente para empezar.

Con el fin de mantener viva la motivación, en el corcho del cuarto pusimos un papel grande con dos escaleras de siete peldaños y recortamos dos muñecos. Uno era Natalia y el otro Ángela. Los clavamos en el corcho y cada día que cumplan su encargo subirán un escalón. Cuando lleguen arriba, toda la familia estará muy contenta, y mamá hará postre especial para celebrarlo todos.

Una motivación
continua
tiene más fuerza.

UNA HISTORIA:

Desarrollo: Con los hijos nunca se sabe. El Plan de Acción del mes pasado sobre la obediencia fue una lucha permanente y el de ahora ha ido como una seda.

El lunes: Cumplieron las dos. A la pequeña se le olvidaba llevar la ropa al cesto después de bañarse; pero después de un ¡sí, mamá!, lo hizo enseguida. Ángela se pasó el día con el reloj. Nos hizo cumplir el horario. La que lo pasó peor fui yo. ¡Todo debe estar en punto!

Martes: Los juguetes bien y el horario regular, por mi culpa. Las dos hijas subieron un escalón. Ya llevan dos.

Miércoles: Otro escalón cada una.

Jueves: La pequeña dejó en desorden los juguetes y como no le subíamos el escalón no quiso dormirse hasta ordenar todo y ver cómo subía su escalón.

Viernes: Regular. Las dejamos a las dos sin escalera. Como eran las dos, no les pareció mal.

Sábado y Domingo: Hubo que cambiar los horario. El orden funcionó.

Resultado: Mejor de lo que se esperaba. A partir de ahora será más difícil, especialmente con la mayor; no es muy constante. Natalia lo ha aprendido muy bien.

Los Planes de Acción requieren paciencia y constancia de los padres.

COMENTARIO:
Es un Plan de Acción de Futuro, aplicado en su Período Sensitivo. Es importante la escalera, por ser una forma de hacer el reconocimiento. Las niñas se sienten capaces de hacerlo.

Los niños deben sentir que son capaces.

PARTE SEGUNDA "B"

*Nuestra suerte se halla
en nuestra voluntad*

Julius Grosse

LA EDUCACIÓN EFICAZ Y PREVENTIVA

La educación eficaz

Existe **Educación Eficaz** cuando en el proceso educativo se genera una «**Sinergia Positiva**» que potencia los resultados obtenidos.

Es en el propio hijo en el que se genera esta **Sinergia Positiva** que le ayuda a mejorar como persona. La Sinergia Positiva se produce cuando a los esfuerzos normales para conseguir un objetivo se le suma una fuerza, generada dentro del propio sistema, la persona en este caso, que potencia por sí sola el resultado final obtenido.

El cerebro es la base orgánica del desarrollo de nuestro cuerpo y de nuestra inteligencia. La voluntad se apoya en la inteligencia para decidir nuestros actos; es, por lo tanto, el cerebro un elemento fundamental en el desarrollo de las personas. Aprovechar nuestro cerebro eficazmente supone utilizarlo en un porcentaje superior al 10%. La **Educación Eficaz** nos enseña a aprovechar mejor el potencial de nuestro cerebro, nos enseña a generar la **Sinergia Positiva** suficiente que nos llevará a conseguir mejores resultados educativos con menor esfuerzo.

Para que el cerebro trabaje con eficacia deben darse tres premisas:

1ª – Que reciba la información necesaria.

2ª – Que la reciba en condiciones adecuadas para su correcta asimilación.

3ª – Que la procese correctamente, en la misma línea de los objetivos que se quieren obtener.

El proceso interno del aprendizaje

El aprendizaje, en condiciones normales, se desarrolla según un proceso interno que queda representado en la función siguiente:

APRENDER = f (Estímulo) (Aptitudes) (Voluntad).

Fórmula experimental y aproximada que nos ayuda a explicar los procesos de aprendizaje[1].

Desarrollemos las tres premisas:

1ª – Recibir la información necesaria.

Si queremos promover una mejora personal en un hijo, lo primero que tendremos que hacer es comunicarle lo que esperamos de él, dándole la información necesaria para que promueva un **estímulo positivo** en su próxima actuación. Por ejemplo:

a – No vuelvas a dejar tu cuarto desordenado.

b – Ordena tu cuarto, en esta casa todos debemos ordenar nuestra habitación y hacernos las camas.

c – Me gustaría que ordenases tu cuarto; estoy segura de que tú eres capaz de hacerlo.

El estímulo se ha ordenado de menor a mayor eficacia.

En los tres casos le hemos dado la información

---

[1] Ver capítulo III del libro, *Cómo educar a tus hijos,* de esta Colección.

necesaria para que ordene su cuarto, pero ha sido recibida en condiciones diferentes.

2ª – Condiciones adecuadas para una buena asimilación de la información.

La información nos llega del oído al cerebro, a través de los filtros de atención.

Una misma información puede ser bien oída o no ser escuchada, según que la persona que la recibe esté o no en las condiciones adecuadas para su asimilación.

Existen cinco condiciones que ayudan a una mejor asimilación de la información, ya que predisponen al oyente a prestar mayor atención:

1º – La Alegría.

2º – La Tranquilidad.

3º – La Confianza.

4º – La Delicadeza.

5º – El Cariño.

En estas condiciones los FILTROS DE ATENCIÓN favorecen la llegada de la información al cerebro para ser procesada. Desde que la información entra en el oído hasta que llega al cerebro, pasa por una serie de filtros que pueden admitirla o rechazarla.

Las dos primeras condiciones, la **Alegría** y la **Tranquilidad,** corresponden a la persona que las recibe: los hijos.

La tercera, la **Confianza,** debe darse entre las dos personas: la que estimula, uno de los padres, y la que escucha, el hijo. Existe **Confianza** cuando creemos que la persona que se dirige a nosotros es sincera y justa.

Las dos últimas, la **Delicadeza** y el **Cariño,** se refieren, principalmente, a la forma en que se da el estímulo o, lo que es lo mismo, a la manera de dirigirse los padres a los hijos.

Es aconsejable que las cinco condiciones actúen en positivo; una sola en contra dificulta la llegada correcta de la información. O incluso, puede bloquearla por completo.

3ª – La información debe ser procesada correctamente.

Es condición necesaria que la información llegue bien al cerebro, pero no es suficiente para que la persona mejore. La persona debe estar adecuadamente **motivada** para que quiera hacer suya la información recibida y actúe.

No basta que los hijos sepan que deben ser ordenados; hace falta que ordenen su cuarto, que lo ordenen bien y además que lo hagan porque quieren hacerlo. Solamente así empezarán a mejorar como personas. Deben, por lo tanto, realizar un acto bueno, hacerlo buscando el bien y hacerlo libremente. Si ordena su cuarto bajo la amenaza de un castigo o por conseguir un premio, la mejora es de muy baja calidad.

La persona debe estar correctamente motivada. Debe saber el porqué tiene que hacer ese acto bien hecho y las consecuencias de hacerlo bien. Esta situación le mueve a querer hacerlo y además a hacerlo realmente. Solamente en este caso existe mejora personal; si esto no sucede, tendrá la información pero no llegará a procesarla, y por lo tanto no existirá la mejora personal.

DIÁLOGOS FAMILIARES

Es sábado, las dos familias están pasando el día en el Club de Tenis. Acaban de terminar de comer. Los hijos han desaparecido, se han ido a continuar jugando con sus amigos.

Los dos matrimonios toman café e inician una tertulia con mucho tema por delante:

Mary: Tom, quiero que me expliques mejor eso de la **Educación Eficaz.**

Tom: ¿Te has leído las notas que te di la semana pasada?

Mary: Sí, creo que están claras, pero a la hora de poner ejemplos me entran las dudas.

Juan: A Mary le gusta buscar un ejemplo para cada cosa; mejor si el ejemplo se puede aplicar a nuestros hijos.

Virginia: Creo, Juan, que los ejemplos son la mejor forma de no olvidarlo y facilita su puesta en práctica.

La Sinergia Positiva y la Sinergia Negativa

Tom: Hoy tenemos tiempo, estoy dispuesto a revisar todas las notas y a buscar los ejemplos necesarios... ¿Por dónde empezamos?

Juan: Empecemos por el principio. Pon un ejemplo de **Sinergia Positiva.**

Tom: Matemáticamente es muy sencillo: si sumamos un esfuerzo de 4 más un esfuerzo de 7 y el resultado es de 11 no ha existido Sinergia; el resultado ha sido el normalmente esperado. Si 4 + 7 fuese igual a 16, quiere decir que ha existido una fuerza interna que ha aportado 6 puntos más, ha existido **Sinergia Positiva**. Si un esfuerzo de 4 más un esfuerzo de 7, produce un resultado de 3, 7 + 4 = 3, quiere decir que ha existido una fuerza interna que ha sido capaz de neutralizar un esfuerzo de 8, ha existido **Sinergia Negativa**.

Mary: Yo no estoy aquí para que me des una clase de matemáticas, explícame lo mismo, pero con mis hijos de protagonistas.

Tom: Suponte que les dices a tus hijos:

— ¡Ordenad vuestro cuarto!

— ¡No se debe ver la televisión antes de estudiar!

— ¡Recoged la mesa después de comer!

Si se lo dices diez veces y apenas te hacen caso, al día siguiente les tienes que repetir lo mismo.

Mary: Eso es lo que me suele ocurrir.

Juan: Es un claro ejemplo de **Sinergia Negativa**, tú pones el esfuerzo y el resultado es pequeño.

Mary: A mí no me interesa lo negativo, yo quiero saber qué tengo que hacer para tener **Sinergia Positiva.**

Tom: Tienes razón, Mary. Te lo voy a explicar con todo detalle, y con ejemplos.

Virginia: Tom, ¿por qué no le explicas lo que tú les cuentas a los empresarios en la Universidad?

Juan: Me parece muy bien, Virginia, eso también me interesa a mí.

Tom: En las Escuelas de Negocios, en el área de Recursos Humanos, es importante saber **cómo** hay que decir las cosas para cambiar la conducta de alguna persona. Por ejemplo, Mary, suponte que yo soy el jefe de tu marido, y quiero convencerle para que trabaje más y pierda menos el tiempo en la oficina. Sé muy bien lo que debo decirle pero, ¿cómo se lo digo para que quiera rectificar?

Mary: A Juan no le hace falta que le digas nada, trabaja demasiado.

Virginia: Es un supuesto, Mary.

Tom: Para que me haga más caso, qué es

mejor, ¿decírselo cuando está alegre o cuando esté triste?

Mary: Pues alegre, ¡claro!

Tom: Y... ¿en un momento en el que esté Juan tranquilo o intranquilo?

Mary: Tranquilo.

Tom: ¿Escogerías para decírselo, a una persona en quien Juan tuviese confianza o no?

Mary: Conozco bien a Juan, si no confía en ella, ni la escucha; no pierde su tiempo.

Tom: ¿Y la forma de decírselo? ¿Será mejor con delicadeza o bruscamente?

Mary: Me lo has puesto fácil, lo primero.

Tom: ¿Verdad que será mejor hablarle dándole muestras de amistad?... Con los hijos lo llamaremos **cariño.**

Mary: Yo lo hago así siempre.

Juan (Mirando a Mary): ¿Siempre, siempre...?

Mary: Bueno, siempre siempre no...; pero...

Tom: Tú misma has escogido lo mejor. Cuando quieras que alguien te escuche y te haga caso no te olvides que es más eficaz:

1º – Decírselo cuando esté **a-legre.**

2º – Esperar a que esté **tra-nquilo.**

3º – Crear un clima de **con-fianza.**

4º – Decírselo con **de-licadeza.**

5º – Que note que se lo dices con **cariño.**

Lo mejor
para educar
es un **atracón**
de cariño.

Unos asesores americanos, para llegar a estas conclusiones, escribieron dos libros y emplearon una buena cantidad de dólares.

Mary: Y a mí, ¿cuánto me van a dar?

Tom: Si alguna de estas condiciones no se cumplen, los **Filtros de Atención** tienden a bloquearse, y la persona NO se entera de lo que le están pidiendo o, si se entera, NO lo suficiente como para hacerte caso.

Virginia: Recuerdo que en una ocasión, en Guadalajara, estando Tom explicando este tema, simuló lo que hacían algunas madres a lo largo de un día cualquiera de colegio:

Por la mañana (La madre actuando):

—¡Levántate, que vas a llegar tarde!

—¡Lávate bien, parece que no te has lavado!

—¡No pegues a tu hermano! ¡Pronto empiezas!

—¡Te olvidas los cuadernos! ¡Como siempre!

—¡Date prisa que se va a ir el autobús!

Al regreso del colegio:

—¡Pero qué sucio vienes! ¡No tienes ningún cuidado!

—¡No grites a tu madre y obedece!

—¡Cómetelo todo, no se deja nada en el plato!

—¡Apaga la televisión, ahora mismo! ¡Te está prohibido...!

—¡Recógelo todo..., venga ya!

—¡No mientas! ¡Tú siempre dices mentiras!

—¡Apaga las luces! ¡Que no te lo tenga que repetir!

Seguro que alguna vez habrás actuado así.

Mary: Casi siempre, como todo el mundo, y ¿qué tiene de malo?

Tom: Cuando tú actúas y reprendes algo mal hecho estás en plena **Sinergia Negativa.**

Mary: Explícamelo.

Tom: Cuando tu hijo hace algo mal y tú tratas

de corregirle –todos los ejemplos de Virginia están en estas condiciones– sucede lo siguiente:

Mary: No vayas deprisa que quiero tomar notas.

Tom: Toda persona después de hacer algo mal tiende a estar: **triste**. Si la sorprendes haciéndolo mal, además está: **intranquila**.

La base de la confianza está en la sinceridad y en la justicia, cuando tú le dices a tu hijo:

—¡No pegues a tu hermano!

Él piensa: «No fui yo, empezó él...».

Tu hijo cree que tú no estás diciendo la verdad, y eres injusta, porque le estás regañando siendo inocente, en resumen: **no hay confianza.**

Y además, es probable que no se lo digas con mucha **delicadeza.**

Para tu hijo, el **cariño** brilla por su ausencia.

Mary: ¿Me estás insinuando que todo lo hago mal?

Tom: Estás creando un clima de Sinergia Negativa; lo que le dices a tu hijo le entra por un oído y le sale por el otro; los filtros de atención los tiene cerrados, las condiciones de recepción no son las adecuadas y no te hará caso.

Mary: ¿Cómo debo hacerlo?

Tom: Cambia las condiciones, espera a que se le pase o actúa cuando tu hijo haya hecho algo bien, crea Sinergia Positiva.

Mary: No es tan fácil. Pon un ejemplo.

Tom: El ejemplo me lo pusieron en la Universidad de Chicago. Y se refiere al juego del ajedrez. Es útil para desarrollar la inteligencia, puede aplicarse para fomentar un deporte y para mejorar en una virtud.

Mary: Prefiero que estudien a que jueguen al ajedrez.

Virginia: Mary, el ajedrez se practica en muchos colegios anglosajones, alemanes y rusos; dicen que es muy bueno para la inteligencia, sirve para pensar, razonar, prevenir y decidir.

Juan: Continúa, Tom.

Tom: También enriquece la imaginación y la memoria, es un juego completo.

Cómo potenciar la inteligencia

Tom: Suponte, Mary, que a tu hijo «Santi»,

de 9 años, le apuntas a clase de ajedrez en el colegio de 5 a 6 de la tarde. El profesor, «Don Joaquín», se lo toma muy en serio. Santi, como todo el mundo, unas veces juega bien y otras mal. Te voy a representar dos sucesos diferentes y tú misma juzgarás.

Estimulación positiva sobre una acción negativa: **Sinergia Negativa.**

Santi juega con Moncho, Don Joaquín y seis alumnos presencian la partida. Están en clase de ajedrez.

Don Joaquín: Muy mal, Santi, te has dejado comer la reina, eres un distraído, nunca debiste mover esa torre; te lo dije ayer...

Santi: Don Joaquín, es que...

Don Joaquín: Nada de excusas, tus padres se gastan el dinero por tu bien, yo me paso la clase enseñándote y tú ni escuchas.

Santi: Es que... (todo rojo). (Los demás niños se ríen).

Don Joaquín: Santi, lo hago por tu bien, el ajedrez sirve para ser más inteligente, espero que mañana lo hagas mejor.

Santi regresa a su casa.

La madre: ¿Qué tal te ha ido en el colegio?

Santi (Con cara de pocos amigos): Mal.

La madre: ¿Qué te ha pasado? Cuéntame. ¿Jugaste al ajedrez?

Santi: No quiero volver a clase de ajedrez. Bórrame de la clase. No me gusta y no aprendo nada.

La madre: Pero tú sabes que es un juego que...

Santi (Saliendo por la puerta): Ya lo sé, pero no me gusta.

Santi va a su cuarto, busca el ajedrez y para que no haya dudas lo tira en la papelera y se pone a leer un cuento.

Tom: En este caso, el profesor actuó después de que Santi hiciese algo mal, y lo ridiculizó delante de sus amigos. ¿Cuál era la disposición de Santi? ¿Alegre? ¿Tranquilo? No parece.

¿Existió confianza en el diálogo?... no le dejó hablar. Seguro que Santi pensó: ¡el profesor ha sido injusto!, la delicadeza y el cariño brillaron por su ausencia.

Resultado: El esfuerzo del profesor fue en vano, en el interior de Santi se generó una Sinergia Negativa que le hizo reaccionar en contra. La autoestima de Santi bajó. El ajedrez no era para él.

Estimulación positiva sobre un acto positivo: **Sinergia Positiva.**

Se repite la misma situación que antes. Santi juega con Manolo y lo hace mal, pero esta vez:

Don Joaquín (Guiñándole un ojo a Santi): La torre, ¿verdad?

(Santi, sin decir nada, asintió con la cabeza. La advertencia a Santi pasó inadvertida a los otros niños. Santi se dio cuenta que se había equivocado).

Otro día jugaba Santi con Agustín. Santi estuvo inspirado y en pocas jugadas le dio mate.

Don Joaquín: Muy bien Santi, lo has hecho excelentemente.

Los demás niños miraron a Santi, admirados. Santi no cabía en sí de satisfacción.

Santi regresa a su casa:

Santi: ¡Mamá!, ¡mamá! ¡He ganado, el profesor me felicitó... lo hice muy bien!

La madre: Dame un beso. Yo también te felicito.

Santi fue a su cuarto, buscó el ajedrez y se puso a jugar él solo.

Santi: ¡Papá!, ¿quieres jugar al ajedrez conmigo?

El sábado se llevó el ajedrez al club, cada vez jugaba mejor. El ajedrez era su juego preferido.

Tom: El caso es algo exagerado, pero habla por sí solo. Don Joaquín en el segundo caso dejó claro el error, le guiñó el ojo, pero sin insistir ni herir. Esperó una buena ocasión y alabó a Santi, esta vez había: alegría, tranquilidad, confianza, delicadeza y cariño. Todo a favor. Se generó Sinergia Positiva. La autoestima de Santi creció. El tiempo empleado por el profesor en los dos casos fue parecido, los resultados fueron bien distintos.

Mary: Lo he visto claro, solo tengo una duda.

Juan: Yo tengo varias.

Tom: Vayamos una a una.

Mary: Cuando hagan algo mal, ¿no debemos actuar?

Virginia (Apoyando a su marido): Hacerle ver que está mal, siempre; pero sin enfadarse, ni gritarle o avergonzarle delante de los demás.

Juan: Recuerdo a un padre que tenía un pacto con un hijo: Cuando se portaba mal, lo miraba, le guiñaba un ojo y si el hijo le devolvía el guiño era que reconocía su falta y pedía perdón. No había castigo.

Mary: Si mis hijos descubren el truco, se pasarían la vida guiñándome el ojo y portándose mal.

Tom: Supongo que al tercer aviso tendrá que existir algún castigo... Siempre advirtiéndolo antes. Los castigos no deben imponerse sin previo aviso.

Juan: Y si hace algo mal que considero importante, ¿tampoco le digo nada?

Tom: Puedes decirle lo que creas conveniente, pero espera al día siguiente, o cuando esté más tranquilo, para decirle lo que ha hecho mal.

Mary: Tom, ¿siempre debes esperar al día siguiente?

Tom: No es tan drástico. Si nunca has usado este sistema, no intentes cambiar de golpe. A veces es bueno, y otras es mejor hacerlo poco a poco. Pronto te darás cuenta de la gran diferencia que hay en los resultados.

El método del «SÍ, SÍ... Y»

Virginia: Tom, cuéntale el método del «SÍ, SÍ... Y», no es tan eficaz pero te permite actuar sobre la marcha y no esperar a que se le pase el disgusto.

Juan: ¿Se usa también en la empresa?

Tom: No lo sé, supongo que sí. Consiste en hacer dos o tres preguntas que se deban contestar con un SÍ. Sirve para desbloquear los filtros de atención y que te escuche mejor.

Mary: Tom, ponme un ejemplo.

Tom: Suponte que tu hija Ana se retrasa un viernes y llega una hora más tarde sin avisar. Voy a escenificar la situación:

> La madre: Ana, te he dicho muchas veces que hay que cumplir los horarios, eres una desobediente, mañana no irás a la fiesta de tu prima. Y no saldrás en todo el día.

Tom: Lo más probable es que Ana no haga mucho caso; puede reaccionar en contra y pensar:

¡Mi madre es una antigua! Otro día llegaré más tarde, hasta que se acostumbre.

Tom: Ahora te voy a cambiar la forma de actuar de la madre:

La madre: ¡Ana!, estaba preocupada con tu retraso. Tú sabes que papá quiere puntualidad en las salidas de noche.

Ana: «SÍ», mamá.

La madre: Aquella zona es peligrosa a esas horas, ¿recuerdas lo que pasó el mes pasado?

Ana: «SÍ», mamá.

La madre: «PERO» como vuelvas a llegar tarde sin permiso, me vas a oír.

Virginia: Tom, me has cambiado el juego, seguro que lo has hecho a propósito.

Tom: ¡Pues claro! Lo que debe de decir la madre es:

La madre: «Y» estoy segura que la próxima vez que tengas problemas nos telefonearás antes.

Ana: «SÍ», mamá.

Tom: El primer diálogo, al decir Ana dos veces «SÍ», se relaja, está en mejores condiciones de escuchar. Claro que al usar la madre la palabra PERO lo estropea. Es mejor usar «Y», buscando otro «SÍ» de Ana.

Virginia: Ana con sus tres «SÍES», se ha tranquilizado, ha demostrado cierto acuerdo y seguro que su reacción es menos brusca y más comprensiva. ¡Pruébalo y verás!

Juan: Parece lógico aunque un poco complicado. ¿Vosotros lo habéis empleado con Hilda?

Virginia: Y con los pequeños también, el método sirve para cualquier edad.

Tom: Y para la empresa debe de servir igual. Juan, pruébalo y luego me lo cuentas.

Mary: «SÍ SÍ ... Y», no quiero olvidarlo, ya os contaré los resultados, voy a usarlo primero con mi marido, cuando no venga a comer y no me avise.

Juan: Me voy preparando, querida.

Tom toma la palabra y hace un resumen:
- *Es mejor alabar lo que hacen bien.*
- *Cuando actúan mal debes hacérselo saber.*
- *Trátalos como buenas personas... y serán mejores.*

- *Tenderán a hacer lo que tú esperas de ellos: espera lo mejor.*
- *Los hijos deben pensar... ¡Yo soy capaz!..., me lo dicen mis padres.*
- *Potencia su autoestima y te maravillarás de los resultados.*
- *Lo que debes hacer es...*

Virginia: Para el rollo, que ya está bien por hoy.

Mary: Lo pienso probar..., ya os lo contaré.

Planes de Acción

Ejemplos de Objetivos de Planes de Acción relacionados con la Educación Eficaz:

A – Me propongo sorprender a un hijo haciendo algo bien, le haré ver que me he dado cuenta y que lo valoro. Algunas ocasiones propicias:

- Cerrar bien una puerta.
- Ayudar a un hermano a estudiar.
- Ordenar su cuarto.
- Ponerse a estudiar sin ver la televisión.

B – Si tu hijo es algo «EGOÍSTA» y quieres ayudarle a que se corrija, el mejor camino es olvidarse de que es egoísta y potenciar su generosidad, a esto se le llama:

> *Ahogar el mal*
> *en abundancia*
> *de bien.*

- Hazle ver las ventajas de ser generoso.
- Dile: «Ayudar a los amigos te ayuda a tener más amigos».
- «Cuando ayudas a los demás te sientes más alegre, compruébalo».
- Todos debemos pensar en los demás.
- La casa es de todos. Ayudar es bueno para todos y nos da alegría.

C – Nos hemos propuesto que nuestros hijos mejoren la imagen que tienen de sí mismos, que aumenten su autoestima.

- Les hacemos ver que ellos... son capaces.
- Cuando se portan bien... lo reconocemos.
- Cuando hacen algo mal:
    > Han dicho una mentira pero ellos no son mentirosos.
    > Han dejado sin ordenar su cuarto, pero ellos no son desordenados.

Han gritado una vez, pero ellos no gritan siempre.

No les pongas a tus hijos el sobrenombre de: mentirosos, vagos, desordenados... Lo único que consigues es reforzarles en el mal, les ayudas a ser más mentirosos, vagos y desordenados:

—*¡Ya lo dice mamá! Lo mío es mentir.*

UN PLAN DE ACCIÓN
Un caso real: *Tú eres el mejor*

SITUACIÓN:

La familia Gispert, Fernando y Ana, tienen cuatro hijos: Arantxa de 5 años, Silvia de 7, Alberto y Carlos de 10 y 11. Ambos trabajan fuera de casa. Están apuntados a la Escuela de Familias del colegio de las niñas y, en su reunión de grupo, han contado el Plan de Acción siguiente:

OBJETIVOS:

General: Mejorar la autoestima de los hijos.

Concreto: Jugar a decir cosas buenas unos de otros.

Cada uno, por turno, dirá algo bueno de otro y pierde el que no sepa decir nada. No es válido mentir.

MEDIOS:

Jugar en el coche y los domingos después de comer.

MOTIVACIÓN:

Jugar en familia une a la familia, es una forma de quererse más.

Conocer lo bueno que somos nos da fuerza para ser mejores.

A veces hacemos cosas buenas sin saberlo, es bueno que nos lo recuerden.

Todos lucharemos por ser mejores.

UNA HISTORIA:

Desarrollo: El primer domingo, después de un postre epecial hecho por mamá, empezamos a jugar a «Tú eres el mejor». una especie de «De la Habana ha venido un barco cargado de...»; pero diciendo cosas buenas unos de otros. Cada vez salían más cosas buenas.

El segundo domingo, para hacerlo más difícil, dividimos el juego por espacios:

— *Cosas buenas dentro de casa.*

— *Cosas buenas durante una excursión.*

— *Cosas buenas sobre temas del colegio.*

La próxima semana jugaremos en el coche mientras vamos a ver a los abuelos.

Algunas de las cosas que se dijeron:

— Arantxa se bañó sola ayer.

— Carlos me ayudó a multiplicar.

— Silvia me dejó jugar con su muñeca.

— Papá ayudó a mamá a hacer la comida.

— Alberto no me ha pegado hoy.

— Mamá me dio un beso fuerte.

— Carlos fue a comprar el periódico.

— Arantxa se comió todo sin llorar.

La lista fue interminable.

Resultado: Extraordinario. ¡No nos lo esperábamos! Mis hijos se quedaron admirados de las cosas buenas que sus hermanos pensaban de ellos. Se creó una auténtica competición para descubrir acciones buenas de los demás.

En la casa se nota que todos intentan portarse mejor, para que se puedan decir más cosas de ellos. ¡De verdad, un éxito!

Una lista de acciones buenas

Mary: Este Plan de Acción me ha gustado, ¡Juan! El próximo fin de semana lo probaremos nosotros.

Juan: Creo que será mejor explicarles bien el juego antes, para que se vayan preparando.

Virginia: Tom y yo lo hicimos con todos los hijos; fue algo diferente, cada uno escribía una lista de cosas buenas de otro y ganaba el que tenía la lista más larga.

Tom: Al final leíamos las listas y aplaudíamos los resultados uno a uno. Las caras que iban poniendo eran de película.

Juan: ¿Quién ganó?

Tom: La madre fue la más aplaudida.

Virginia (Toda colorada): No sigas Tom.

Tom: La Educación Eficaz se está poniendo de moda.

Mary: Es la primera vez que lo oigo, es un sistema lógico.

Juan: Cuando pensamos que algo no es posible, es inútil que lo intentes, no te saldrá. Si ignoras que ha sido imposible para otros y tú lo intentas, creyéndote capaz de conseguirlo, puedes hacer lo imposible.

Tom: Eso que dices es muy cierto: pensar que somos capaces, nos hace poner un mayor esfuerzo por conseguirlo. Por este camino se han batido muchas marcas deportivas y se han hecho hazañas impensables.

Juan: Y grandes negocios y empresas importantes.

Tom: Las personas de éxito ven oportunidades hasta en sus propios fracasos, se creen capaces de todo y por eso triunfan.

Virginia: No es el triunfo lo importante. Hay que aplicarlo a ser mejores personas y buscar el Bien. No nos olvidemos que el camino de la felicidad pasa por buscar el Bien, primero.

Mary: Antes de irnos, Tom, me gustaría que me repitieses el caso de Ana, que llega tarde, sin usar el «SÍ, SÍ, Y».

Tom: Te lo cambiaré aplicando la Teoría de la SINERGIA:

Caso: «Una hija que llega tarde»

Son las tres de la madrugada y su hora de llegada eran las doce de la noche.

1ª – Situación:

Los padres la esperan levantados. Al llegar la hija algo alegre, viene la bronca y se anuncia el castigo; el sermón sobre la marcha y en directo; son las 3.30.

El resultado es casi nulo; estamos actuando en plena Sinergia Negativa. La hija hace poco caso y si piensa que el castigo es injusto, ¡ella ya es mayor...! ¡Lo hacen todas sus amigas! Hasta puede reaccionar en contra.

2ª – Situación:

Los padres la reciben despiertos, su madre le dice: ¿Te ha pasado algo? ¡Estábamos preocupados por la hora! La madre la ayuda a acostarse, con cariño, y espera al día siguiente.

Al siguiente día puede suceder:

A – Que pida perdón por llegar tarde, es un reconocimiento de la falta. No es necesario hacer más, es posible que se corrija.

B – Que no diga nada. Su madre habla con

ella entonces, y a la pregunta: ¿Qué opinas de lo que pasó anoche?, reconozca que lo hizo mal. Puede ser suficiente.

C – Que no reconozca su falta y diga que lo hizo bien... ¡Piénsalo mejor, que mañana hablaremos!

Para el día siguiente nos tenemos que preparar una buena motivación, porque lo tenemos más difícil.

Explícale tus razones, déjale claro por qué no debe llegar tarde; no te preocupes si no da su brazo a torcer, déjala que lo piense despacio. Algo le queda dentro, mucho más de lo que puedes pensar y, en cualquier caso, es una solución mucho más positiva que la presentada en la primera situación.

La educación preventiva

Más vale prevenir que curar

Existe un dicho en medicina que es igualmente cierto en educación.

Más vale prevenir que curar

La Teoría del Teatro[1] nos recuerda que el cerebro es como una gran sala de un teatro llena de sillas, vacías al nacer, y llenas al final de

---

[1] Ver *Cómo educar a tus hijos,* de esta Colección «Hacer Familia».

nuestra vida. Cada silla está esperando una idea, un concepto, un hábito bueno, el suyo, el que le corresponde.

Pero si llega primero el hábito malo y se sienta, es más difícil cambiar. ¡Qué fácil es sentar lo bueno cuando la silla está vacía! ¡Qué difícil es ocupar una silla ocupada! Además, como cada persona sienta sus propias ideas, aunque sean malas, son suyas. Y no nos gusta cambiarlas.

Las Nuevas Pedagogías, o también llamadas Pedagogías de Vanguardia nos hablan de Educar en Futuro. Educar en Futuro es adelantarse en el bien, es llegar antes con el hábito bueno, es, en una palabra, «prevenir». Es triste adquirir un mal hábito por ignorancia, empezar a hacer el mal sin saberlo, sin conocer todas sus consecuencias. El mal crea hábitos, costumbres, y cuesta desprenderse de ellos.

PREVENIR ES:
— Aprender a Educar mejor...
    y no improvisar.

— Conocer los períodos sensitivos...
y saber aprovecharlos.

— Saber cuáles son los Instintos Guía...
y apoyarnos en los positivos.

— Saber apreciar la amistad...
antes de tener un mal amigo.

— Conocer los efectos de la droga...
antes de que te la ofrezcan.

— Conocer el valor de tu cuerpo...
antes de regalarlo.

— Saber que con el mal no se dialoga...
se huye.

— Saber que hay que estudiar...
mejor que lamentarse mañana.

— Saber que la televisión crea adicción...
y crea pasotas.

Y también es:

— Saber que la felicidad está en hacer el bien.

— Saber que la persona es más libre cuando hace el bien.

— Saber que el éxito sin la felicidad no es tal.

— Saber que el verdadero amor no es egoísta.

— Saber que la familia es entrega y amor.

— Saber que después de esta vida, existe otra.

— Saber que la otra vida es eterna y hay que ganarla.

DIÁLOGOS FAMILIARES

El valor de la amistad

Mary: Ayer estuve con los Martínez, encontré a Luisa desolada. Paco, su hijo de 15 años, está saliendo con unos amigos que no le gustan nada. El otro día llegó a casa con unas copas de más y por si fuera poco, dos horas más tarde de lo permitido.

Juan: No te preocupes, Mary, nuestros hijos son diferentes.

Virginia: ¿Les habláis con frecuencia de los peligros del alcohol, las drogas, el sexo...?

Mary: ¿Pero qué me dices? Aún son muy pequeños y Ana es una inocente.

Tom: Me voy a tener que poner serio con vosotros, el día menos pensado el problema lo tenéis en casa; ¿qué años tienen vuestros hijos? Ana es como Hilda, ¿verdad?

Mary: Patricia tiene 5, Dany 9 y Ana un año menos que Hilda, 16 años.

Tom: Solo una pregunta para empezar... ¿Saben el valor que tiene la amistad?

Mary: Son muy pequeñas para eso.

Juan: Patricia puede que sí, Dany está en su mejor momento y a la edad de Ana muchos padres ya han llegado tarde.

Mary: ¡No exageres!

Virginia: Yo estoy segura que con Patricia, a pesar de sus 5 años ya puedes tener una conversación sobre lo que es una buena amiga y cómo se ganan los amigos.

Juan: ¿Y qué más deben saber sobre la amistad?

Tom: «Más vale prevenir que curar». Cuanto antes deben saber el valor de la amistad, y cuál es la diferencia entre:

— Un buen amigo;

— un cómplice;

— o un compañero.

Mary: ¡Ya lo recuerdo! Me lo explicaste el

otro día, tomé apuntes y te lo puedo repetir de memoria.

Mary toma carrerilla y dice:

> *Una persona es tu **amigo** cuando mira por tu bien y con esa amistad mejoran los dos como personas.*
>
> *A los **compañeros** les une una actividad exterior, un juego, un deporte, un club..., cuando cesa el vínculo termina la amistad.*
>
> *Los **cómplices** son personas que se unen para hacer algo malo.*

Tom: Muy bien, todo esto deben tenerlo muy claro y no deben olvidar que:

> *«**Un buen amigo es un tesoro**».*

Debes contarles las consecuencias de tener malos amigos.

Virginia: Desde los 7 años deben saber los efectos de las drogas, el alcohol... cómo se llega a ellas, cómo se lo ofrecen y lo difícil que es dejarlo una vez que se ha caído en el vicio.

Mary: Sigo pensando que para Dani es muy pronto.

Juan: Mira Mary, puede que tengas razón; pero ¿y si es Tom el que tiene razón?... Tom, ¿tú ves problemas si nos adelantamos a su momento?

Tom: Adelantarse no es malo, ellos mismos te dirán si lo estás haciendo a su tiempo o has llegado demasiado pronto... ¡Ah! y también te dicen si ya has llegado tarde.

Mary: ¿Cómo te lo dicen?

Virginia: Esta vez te lo cuento yo. Te voy a poner un ejemplo. Suponte que les quieres hablar de la participación del padre en el nacimiento de un hijo. Tú les empiezas a hablar del asunto y observas su comportamiento:

— *Si se distraen y no ponen interés en el tema, te cambian de conversación..., es posible que hayas llegado demasiado pronto.*

— *Si te escuchan atentamente y te hacen preguntas..., ponen mucho interés, puedes estar segura de que has llegado a tiempo.*

— *Si te miran con desgana como diciéndote:*

«¡*Qué me vas a contar que yo no sepa!*», o te
dicen ¡*qué sabes tú de eso!*... *llegaste tarde.*

Tom: No creáis que prevenir es fácil. Infor-
maos vosotros antes, inventar es peligroso.

Mary: ¿A qué te refieres, Tom?

Tom: Tienes cuatro hijos de edades muy diferentes, en cada uno debes prevenir cosas
distintas: por ejemplo: a Patricia, con sus 5
años, debes fomentarle la generosidad, la alegría de hacer pequeños encargos, la importancia de ser sincera y sus ventajas... Respecto al
desarrollo de la inteligencia, es la edad de jugar a todo, también al ajedrez, juegos entre
pequeños y mayores, que sepa ganar y perder,
que aprenda a pensar, imaginar y razonar. Y si
hablamos del cuerpo, empieza con los juegos
de pelota, el pimpón, los patines...

En educación no inventes, infórmate antes

Mary: ¡No sigas! Ya veo que tengo que hacer
muchas cosas, algunas realmente ya las hago.
¿Y para los otros tres hijos?

Tom: Siento decirte, Mary, que no he termi-
nado con Patricia; no he llegado ni a la mitad.

Tampoco te creas que me acuerdo de todo de memoria.

Juan: Entonces ¿qué nos aconsejas hacer?

Tom: Como os dije al principio, no hay que inventar nada, todo está escrito. Conozco varios libros, que os pueden ser útiles, existe una «Colección por Edades» que os da el tema resuelto. Tienen un libro para cada edad, tu hija Ana tiene 16 años, te compras el libro *Tu hija de 16 años,* y en él encontrarás todo lo que debes prevenir a esa edad.

Mary: ¿Te acuerdas del autor y el nombre de la colección?

Tom: Mañana me llamas por teléfono y te lo doy, también te diré el autor de otro libro para tu hijo Dani, se titula *Tu hijo de 9 años.*

Virginia: Hoy día, unos padres responsables, deben leer libros sobre la educación de sus hijos y no educar de oído.

Mary: Eso mismo ya se lo he oído a Tom varias veces:

> *Aprender a educar*
> *necesita una*
> *formación continua.*

109

Juan: Pero no basta saberlo, hay que hacerlo y a veces nos da pereza, siempre lo retrasamos, necesitamos reforzar la constancia y combatir la pereza.

Tom: Se me olvidaba algo importante que debéis conocer y que está directamente relacionado con la prevención.

Mary: Tenemos prisa, se hace tarde y debemos regresar a casa, pero anúnciamelo, ¿de qué se trata?

Juan: Sigue, Tom, por un rato más no pasa nada.

Tom: Una cosa es prevenir algo antes de que caigan, lo que llamamos, «llegar antes», «darles defensas contra el mal», «darles argumentos para decidir en contra», y otra diferente es conocer los primeros síntomas de las caídas graves para acudir a tiempo, antes de que sean más graves y corregirlas.

Mary: ¿Te refieres a las drogas?

Virginia: Y a los malos amigos, y a la adicción a la televisión, y a los problemas de sexo, y a la falta de Fe, y a...

Mary: Nos quedamos un rato más, soy toda oídos.

Tom: No hay mucho que explicar, todo viene en los libros que antes os indiqué pero...

Mary: Explícame lo de la droga, es un tema al que le he tenido terror siempre.

Tom: Aunque cada uno de los problemas anteriores tiene síntomas que le son propios, también es cierto que hay señales generales que nos indican que algo está pasando.

Mary: Pero háblame de la droga.

Tom: Algunos de los síntomas generales de que el hijo tiene problemas son:

— Baja el rendimiento en las notas;
— se vuelve más irritable;
— está menos dispuesto a ayudar en casa;
— habla menos con la familia.

Y respecto a síntomas que nos avisan sobre los problemas de la droga, podemos hablar de algunos de estos:

— Deja de interesarse por temas concretos, cambio de interés;
— hace menos actividades deportivas;
— se encierra más horas en el cuarto oyendo música;
— cambia repentinamente de horarios;

— va de la calle a su cuarto, sin cenar ni hablar con nadie;

— encuentras entre sus cosas algún accesorio propio de drogas...

Mary: Es más complicado de lo que yo pensaba.

Tom: Esto no quiere decir que se dé alguno de estos síntomas y no pase nada; pueden ser propios del cambio de edad, pero si somos sensatos hay que estar atentos y en cuanto aparezca algún síntoma, extremar la vigilancia para quedarnos tranquilos o poner los medios necesarios para corregir el mal; al principio del problema es mucho más fácil curarlo.

Tom: Un último consejo, dejar bien claro a los hijos que:

> ### Con el mal no se dialoga.

Hay que huir de esa zona de duda entre el mal y el bien, estas fronteras son muy arriesgadas y se termina cayendo fácilmente. No debemos caer en la tentación de preguntarnos: «¿Hasta dónde puedo hacerlo sin que esté mal del todo?». Insisto, huir de las situaciones dudosas..., huir de las zonas de peligro, también es válido para los adultos.

Mary: Tom, muchas gracias, nos vamos, ya es tarde, ¡Ana!, ¡Patricia!, ¡Dany!, nos vamos.

Juan: Tom, no te olvides que el próximo día charlaremos sobre «la educación con el ejemplo».

Virginia: No te preocupes, Juan. A mi marido le encanta hablar de educación, no te olvides que es su hobby preferido.

Objetivos de Planes de Acción

Sobre el desarrollo de hábitos.

— Los hábitos se desarrollan con repetición de actos realizados libremente, se adquieren a cualquier edad, pero en los períodos sensitivos es más sencillo.

— **Ayudarles a ser puntuales (6 a 10 años).**

Está directamente relacionado con el orden respecto al tiempo:

Puntualidad:

— Para empezar a estudiar;

— para llegar al colegio;

— para bañarse;

— para irse a la cama.

Si lo viven ahora, cuando crezcan, les será más fácil aprovechar el tiempo.

— Acostumbrarles a obedecer a la primera.

Para ello tendremos que pedírselo pocas veces, pero exigirlo hasta que se haga un hábito. Cuando ayudamos a conseguir un hábito estamos haciendo Educación Preventiva, se hace más fácil la adquisición de la virtud correspondiente. Es conveniente apoyarse en la Educación Eficaz. Lo haremos alabándole o reconociéndole los logros que él mismo obtenga con ese hábito.

— Acostumbrarle a decir siempre la verdad.

1º) Debemos dar por supuesto que nosotros esperamos que nuestro hijo no miente.

2º) Los padres damos ejemplo.

3º) Le mostramos nuestra alegría y satisfacción cuando en algún momento difícil o fácil,

nos ha dicho la verdad, especialmente si nota-
mos que le ha costado hacerlo.

UN PLAN DE ACCIÓN
Un caso real: *Crecer en la confianza*

SITUACIÓN:
Los padres, Antonio y Sofía tienen cuatro hijos, en dos tandas. Los pequeños 2 y 4 años y
los mayores, Silvia y Enrique, 9 y 11 respectivamente. El padre es economista, trabaja todo
el día, y la madre lleva un año en paro, sin encontrar un trabajo que le guste; solo trabaja
en casa.

Han leído en un libro *que los padres que tienen confianza con sus hijos adolescentes se la
han ganado antes, de pequeños*. La confianza
entre padre e hijo en edad adolescente, es de
una gran ayuda para ambos.

Antonio y Sofía han decidido hacer un Plan
de Acción

OBJETIVOS:
General: Aumentar la confianza y la amis-

tad entre los padres y sus dos hijos mayores.

Concreto: Charlar a menudo con Silvia y Enrique sobre lo que han hecho, y contarles también lo que hemos hecho.

MEDIOS:

Sofía procurará charlar con los dos por separado, por las noches antes de acostarse; ellos le contarán qué hicieron en el colegio y ella les hablará de sus cosas.

Antonio se llevará los fines de semana a Enrique a hacer deporte o a su oficina, y charlarán juntos.

MOTIVACIÓN:

Explicarles la importancia que tiene que la familia esté más unida y se quieran más entre ellos. Lo pasarán mejor y serán más felices. Nos contaremos unos a otros las cosas que hacemos, las alegrías y los problemas: nos conoceremos mejor. Viviremos unidos y nos sentiremos más queridos. Comentarles las ventajas de ayudarnos unos a otros.

116

*Todos
necesitamos ayuda
de los demás.*

La unión hace la fuerza y refuerza la familia. Estaremos más tiempo juntos para poder hablar de nuestras cosas de familia. Fomentar las tertulias nos ayuda a estar más unidos.

HISTORIA:

Desarrollo: Hace doce días que decidimos este Plan de Acción, fue un domingo por la noche:

El lunes: Yo empecé a charlar con Silvia. Silvia disfrutó contándome lo que hizo en el colegio. Yo no tuve tiempo de contar nada.

Martes: Intenté hablar con Enrique, pero no encontré el momento oportuno.

Miércoles: Silvia y yo hablamos otra vez, en esta ocasión sí le conté lo que hice durante el día, ella disfrutó y yo también.

Jueves: Al fin charlé con Enrique ¡Qué diferentes son los dos! A Enrique le cuesta abrirse. Yo fui la que más habló.

Viernes: Hablé con los dos. Enrique me contó una pelea que tuvo en el colegio.

Sábado: Antonio se llevó a Enrique a la oficina y me dijo que hablaron mucho. Antonio le contó qué hacía en su trabajo.

Domingo: Tuvimos la tertulia después de comer, ¡nunca nos había salido tan bien!

Resultado: Ganarse la confianza de los hijos suele ser lento; esperamos tener constancia y mantenerla. El comienzo ha sido mejor de lo que Antonio y yo esperábamos... El próximo día os contaremos más.

COMENTARIO:

Es un Plan de Acción de Futuro y de Educación Preventiva a largo plazo: «Ganarse la confianza de unos futuros adolescentes». Está bien planteado. El éxito lo tendrán si son perseverantes, ¡los padres, claro! La experiencia nos indica que cada vez las charlas saldrán de forma más espontánea. Una cosa es cierta. A «casi» todos los hijos les gusta hablar con sus padres.

La educación con el ejemplo

La primera regla del «CÓMO» en educación es:

Debemos
educar
dando ejemplo.

Esta premisa es tan antigua como la vida misma, es muy difícil predicar sin practicar lo que se predica; los hijos son máquinas de copiar, especialmente de pequeños, y se fijan en todo, hemos oído muchas veces que:

Más vale
un buen ejemplo
que cien palabras.

119

Qué clase de ejemplo debemos dar

Los hijos se fijan en nosotros, en lo que hacemos y cómo lo hacemos, mucho más de lo que podemos pensar, somos sus modelos permanentes. Son testigos de todo lo que hacemos, saben que sus padres tienen defectos y se equivocan, ¿cómo contrarrestar ese mal ejemplo?

El ejemplo más importante que unos padres pueden dar a sus hijos es:

Que nos vean
luchar por
ser mejores
personas.

Que vean nuestro esfuerzo por hacer las cosas mejor cada vez, nuestro deseo de superarnos, no importa que nos sorprendan haciendo algo mal, lo reconocemos y luchamos por evitarlo.

— *Papá y mamá se han gritado. No está bien, nos pediremos perdón, no debemos hacerlo. (Si ellos lo han visto, ¡claro!).*

— *Papá hoy no se ha hecho la cama, tenía*

120

prisa por ir al trabajo; le tengo que decir que otro día se levante un poco antes. Recuérda-melo, ¿quieres?

— *Mamá os ha llevado tarde al colegio; debo arreglarme más deprisa y no perder tiempo desayunando, ¡mañana llegaremos pronto!*

— *Mamá te está diciendo las cosas a gritos y se debe hablar bajo y más tranquila. Otro día tendré más cuidado. Vosotros ayu-dadme y no pegaros.*

Pero, ¿cómo dar ese ejemplo?

Una forma directa es:

— Involucrarse en los mismos objetivos que les exigimos a ellos.

— Ponernos metas comunes de progreso.

— Luchar juntos por mejorar.

— Ayudarnos unos a otros.

Proponemos celebrar reuniones donde se cuente cómo ha ido la lucha. Hemos descu-bierto la Teoría «Z» aplicada a la familia. La Teoría «Z» es comprometerse una parte de la familia, o toda, en unos objetivos comunes y luchar juntos para conseguirlos.

Se forma un grupo, mínimo de dos personas, se marcan los objetivos comunes, se concretan unas normas que nos ayuden a hacerlo mejor y nos esforzamos por cumplirlos pero:

— Todos luchamos por mejorar.
— Todos nos ayudamos, los padres a los hijos y los hijos a los padres.
— Y todos nos controlamos nuestros adelantos... o retrocesos.

En resumen, una vez que nos incluimos en un grupo de calidad, Teoría «Z», todos tenemos las mismas obligaciones y debemos cumplirlas.

De pequeños, se hace como un juego. De mayores, con la conciencia de que estamos aprendiendo algo que luego necesitaremos realizar en nuestro trabajo profesional:

La Teoría «Z»
une a la familia.

Resumiendo:

— *El ejemplo sigue siendo lo primero.*
— *El mejor ejemplo es que nos vean luchar por hacer las cosas bien.*

— *Luchar en equipo aumenta la motivación para actuar.*

— *Cuando hacemos algo mal, en presencia de nuestros hijos, debemos rectificar delante de ellos.*

— *Y si hace falta pedir perdón... se pide.*

En una familia numerosa debemos cuidar el comportamiento de los hermanos mayores. Los hermanos mayores deben saber lo que esperamos de ellos y valorar la importancia que su buen ejemplo tiene para el comportamiento de los demás hermanos. Es su responsabilidad como mayores que son y serán, sin duda, capaces de asumirla.

DIÁLOGOS FAMILIARES

La Teoría «Z» en la familia

Mary: Tom, continuemos con nuestros temas. Hoy toca hablar de...

Juan: De la Educación por el ejemplo.

Virginia: Y de la Teoría «Z». ¿Sabéis que es la Teoría «Z»?

Juan: La Teoría «Z» aplicada a la empresa sí

la conozco pero ¿también se puede aplicar en la familia?

Tom: Iremos por partes.

Mary: No hace falta que nos hables de la primera parte, me la sé.

Virginia: ¿Cuál es la primera?

Mary: Se la he oído a Tom cientos de veces. ¡El ejemplo es lo primero! ¡El ejemplo es la base de la educación! ¡Sin un buen ejemplo no se puede educar! Eso te lo puedes saltar. ¿Cuál es la segunda parte?

Tom: Mary, no te pongas así, no es para tanto. Me saltaré la primera parte, prometido, pero no olvides que lo que has dicho es verdad.

Virginia: Tom, Juan preguntaba cómo se puede aplicar la Teoría «Z» a la familia.

Mary: Yo prefiero que me pongas primero un ejemplo. Y menos teorías.

Tom: Vamos con el ejemplo: Podemos aplicarlo a mejorar en algo, educar en futuro: o para corregir algún defecto concreto de una persona o una costumbre mal vivida por la familia.

Mary: Seamos más prácticos: para arreglar algo que no funciona.

Virginia: Será más práctico, Mary, pero también los resultados son menos eficaces. Arreglar algo es educar en pasado.

Tom: ¿Qué problemas quieres que arreglemos, Mary?

Juan (Adelantándose): La falta de puntualidad es un problema generalizado en nuestra familia, ¡se pierde mucho tiempo! Se puede aplicar a esto.

Tom: ¡Claro que sí! Una familia quiere mejorar su puntualidad. Es una familia de seis miembros: los padres y cuatro hijos de edades comprendidas entre 7 y 14 años.

— Todos deben luchar por ser puntuales.

— Deben existir metas comunes.

— Es necesario conocer los logros.

— Hay que ser muy concretos.

— Realizarán reuniones de control para ver los avances.

Mary: o los retrocesos, ¿no?

Virginia: ¡Mujer! Si hay lucha esperemos que haya progresos.

Juan: Mary, no interrumpas. Sigue Tom.

Tom: Sigo concretando: El domingo, por ejem-

125

plo, aprovechando la tertulia de después de comer, uno de los padres plantea el problema y la necesidad, por el bien de todos, de luchar por resolverlo. Debéis preparar antes la motivación y los ejemplos que vais a poner, dándoles a los hijos la oportunidad de mejorar o criticar vuestras propuestas. Todos deben opinar y es bueno que lo hagan, así se involucran más en la lucha.

Mary: Pero baja a la tierra y ponme ejemplos bien concretos.

Virginia: A mí se me ocurren unos cuantos.

Tom: Deben ser muy concretos y posibles de cumplir.

Virginia: Por ejemplo: levantarse nada más tocar el despertador.

Tom: Es bueno que sea un despertador único y que alguien despierte a los demás.

Virginia: Tom, déjame seguir y no me interrumpas, que se me va el hilo:

— *Llegar al colegio 5 minutos antes de que toque la campana.*

— *Los viernes que no hay autobús, ir a buscarlos pronto; antes de que salgan estar esperándoles.*

— *Ponerse a estudiar a las 6.30 en punto.*

— *Cenar a las 9.*

— *Luces apagadas: los pequeños a las 10.30 y los mayores a las 11.*

Tom: Muy bien Virginia, se pueden añadir otros como:

— *Cuando se fija una hora para salir de excursión ¡se cumple!*

— *Los días de fiesta se empieza a comer a las 2.30.*

Juan: Hemos fijado ocho objetivos, creo que es suficiente.

Tom: En la Teoría «Z» todos los miembros de la familia son igualmente responsables de cumplir lo acordado.

Juan: ¿Y quién controla?, ¿el padre o la madre?

Virginia: Todos controlan y todos ayudan a cumplirlo.

Tom: Pero hay que señalar unas fechas para reunirse otra vez y analizar los resultados.

* * *

En ese momento, entra Dani chillando e interrumpe la conversación:

Dany: ¡Mamá!, ¡mamá! Patricia es una tonta y una mentirosa.

Patricia: ¡Mamá! Dani me ha pegado.

Dany: Claro, le he pegado para educarla, por tonta y mentirosa; además, ella me llamó a mí tonto, primero.

Mamá: Dani, ¿por qué dices que es mentirosa y tonta?

Dany: Ha dicho que hoy es domingo y no es verdad y además me ha llamado tonto.

Mamá: Dani, recuerda esto: Patricia no es mentirosa ni tonta, Patricia se ha equivocado o ha podido decir una mentira y una tontería pero ella no es mentirosa ni tonta.

Patricia: Yo soy muy buena y obediente, me lo ha dicho mi profesora.

Mamá: Sí, Patricia, tú eres buena y obediente.

Dani: Papá, déjame la pelota que está en el coche.

Juan: Ahora te doy la pelota, pero déjanos un rato tranquilos.

* * *

La reunión periódica es básica

Mary: Tom, perdona, puedes continuar; ibas por eso de... «reunirse otra vez».

Tom: ¡Sí, claro! Una solución es acordar que en todas las tertulias de los domingos se analicen los resultados. Se deben anotar los ocho objetivos y ver cómo se han cumplido día a día.

Mary: ¡Vaya rollo!, seguro que nadie se acuerda.

Virginia: Una vez, Tom, apuntó en la pizarra de la cocina todos los objetivos a cumplir y diariamente se llevaba el control, cada día le tocaba a uno juzgar cómo se había cumplido.

Juan: Y entonces, ¿para qué sirve la reunión semanal?

Tom: La reunión periódica es básica. En ella se analizan los resultados, se valora el cumplimiento, se estudian los problemas y se toman nuevas medidas para hacerlo mejor la semana próxima.

Juan: ¿Se pueden cambiar los objetivos?

Tom: Sí, pero mejor es cambiarlos cuando ya se hayan cumplido bien varias semanas.

Mary: ¿Y cuánto tiempo dura?

129

Tom: Se puede decidir al principio, por ejemplo, un mes.

Juan: Y es correcto repetirlo después de cierto tiempo.

Tom: Algo más que correcto, yo diría que conveniente.

Virginia: En Teoría «Z» todos tenemos las mismas obligaciones que cumplir, y se analizan todos los fallos.

Tom: Principalmente se habla de los logros obtenidos, es mejor fijarse en lo que hemos conseguido que en lo que hemos hecho mal.

Virginia: Y los hijos también pueden llamar la atención de los padres o felicitarles por lo bien que lo han hecho.

Mary: Eso a Dany le va a gustar.

Juan: Tom, ¿tiene que estar involucrada toda la familia?

Tom: No es necesario, se puede formar un círculo de calidad, así se llama a la reunión, solo con dos personas, pero conviene que haya personas de rango diferente.

- Mamá con una hija.
- Papá con dos hijos.
- Un hijo mayor con otro más pequeño.
- Uno de los padres con todos los hijos.

Todos tienen la misma responsabilidad de mejorar y todos tienen el derecho de controlar y ayudar a mejorar a los otros.

Juan: Una pregunta importante: ¿Qué nos dices a los padres que queremos educar a nuestros hijos en cristiano?

Tom: Lo primero que debemos hacer al educar a nuestros hijos es tratarles como lo que son: hijos de Dios, hechos a su imagen y semejanza, con un alma inmortal y llamados a ser felices en la vida eterna.

Juan: ¡Pero eso no es fácil!

Tom: Para ello contamos con la Gracia de Dios que les llega a ellos con el Bautismo y que nos llega a nosotros principalmente a través de la oración y de los sacramentos, Confesión y Comunión. Como en todos los aspectos educativos, también en este terreno es especialmente importante el ejemplo de los padres.

131

Juan: ¿Cuándo debemos empezar a educarles en la Fe?

Tom: Desde que nacen, bautizándoles. Después a los niños les es muy sencillo querer y rezar a la familia de Nazaret, los niños desde que tienen uso de razón deben saber que si ganan el mundo entero pero pierden su alma, que es inmortal, lo han perdido todo.

Juan: Y como antes me has dicho las palabras deben ir acompañadas del ejemplo de los padres.

Tom: En este campo, más que en ninguno. La fe nos la da Dios pero el camino más directo es a través del ejemplo que les damos los padres.

Un caso real: «Elena y el orden»
SITUACIÓN:

Pablo y Mª Jesús se han casado hace cuatro años, tienen una hija, Elena, de 3 años. En la Escuela de Padres del colegio siguen un programa de Educación Familiar. Les acaban de hablar de los círculos de calidad y de la Teoría «Z» aplicada a la familia.

Pedro: Estoy deseando llegar a casa para poner en práctica la Teoría «Z».

Mª Jesús: Es una exageración hacerlo con nuestra pobre hija de 3 años, no va a entender nada.

Pedro: A ella no hay que explicarle nada, solo se hace y basta; recuerda que hay que empezar a explicarles qué es la Teoría «Z» a partir de los 7 años. Hoy nos dijeron que lo que sea nuestra hija de mayor, depende de nosotros.

Mª Jesús: Bueno, haz lo que quieras.

Pedro: Hoy mismo empiezo. Haré un Plan de Acción.

UN PLAN DE ACCIÓN

OBJETIVOS:

General: Adquirir el hábito del orden.

Concreto: Ordenar sus juguetes y su armario de ropa.

MEDIOS:

Utilizaremos la Teoría «Z» entre mi hija y yo; a mí me tocará luchar por tener ordenada mi mesa de despacho y los cajones.

133

MOTIVACIÓN:

Lo plantearé como un juego. Los miércoles, que suelo venir pronto a casa, será el día elegido para reunirme con mi hija y ver los resultados. Le hablaré de lo divertido que es jugar a ordenar, que jugaremos los dos juntos, y además nosotros solos.

Elena verá lo bien que ordena su papá y yo veré lo bien que lo tiene todo mi hija. Lo celebraremos leyéndole, antes de dormirse, el cuento de *La cangura busca empleo*. Es uno de sus preferidos, se lo he leído seis veces.

HISTORIA:

Desarrollo: el domingo le expliqué en qué consistía el juego.

— Elena deberá ordenar sus juguetes en una balda que tiene a su altura y además mantener bien colocada la ropa en su armario.

— Papá no tendrá papeles encima de la mesa donde trabaja y en los cajones estará todo en su sitio.

El mismo domingo, entre los dos, ordenamos todos sus juguetes y pusimos la ropa en su sitio. Después nos fuimos a mi mesa y entre los dos quitamos todos los papeles y ordenamos uno de los cajones. ¡Los otros dos ni se los enseñé! ¡Era demasiado!

El primer miércoles se nos olvidó a los dos reunirnos, yo llegué pronto, y mamá fue la encargada de recordárnoslo.

Padre e hija jugaron a ordenar. El siguiente miércoles salió un poco mejor. La semana pasada ya había entendido de qué se trataba: Papá jugaba con Elena si ella tenía todo ordenado.

Elena se pasó toda la semana ordenando su cuarto y entrando en mi cuarto para ver si mi mesa estaba ordenada.

El lunes pasado le preguntó a su madre toda impaciente:

¡Mamá!, ¿hoy es miércoles?

Y esta pregunta se la hacía todos los días.

Mi mujer y yo no sabemos si está ordenando por el orden en sí o por jugar con su padre; esto último es lo más probable.

Resultado: A pesar de todo, Elena, con sus 3 años, tiene los juguetes como nunca de bien puestos. Hemos conseguido que solo juegue con un juguete y antes de coger otro, deja el anterior en su sitio. Todos los días viene a mirar mi mesa para ver cómo la tengo. El arreglo de la ropa de su armario no funcionó.

COMENTARIO:

Es un Plan de Acción de Futuro, de Educación Preventiva. A Elena le será más fácil ser ordenada de mayor. El padre le da ejemplo ordenando él también, y puso en práctica la Teoría «Z».

El orden en el armario no funcionó. A esa edad son capaces de ordenar su ropa, pero no se lo habían exigido nunca, ni era costumbre de su madre ordenar su ropa con su ayuda.

¡Padres,
dejaos ayudar!

PARA PENSAR PARA ACTUAR...

Para
recordar...

No olvides que es más eficaz:
AHOGAR EL MAL
EN ABUNDANCIA DE BIEN.

Un ejemplo importante:
QUE NOS VEAN LUCHAR
POR SER MEJORES PERSONAS.

Para
leer...

Conocer los sentimientos de los demás nos
ayuda a educar con eficacia.
Se recomienda leer:
Nº 63: *Educar los sentimientos.*

Capítulo IV: «Reconocer los sentimientos
de los demás».
Autor: Alfonso Aguiló.

Para pensar...

Piensa cuántas veces, en la última semana, has utilizado el «atracón de cariño» para educar a tus hijos.
Piensa qué hacer en concreto para utilizarlo más.

Prevenir, llegar antes, es educar con menor esfuerzo:
Piensa en alguna acción concreta sobre prevenir en cada uno de tus hijos.

Para hablar...

Temas para hablar entre los padres:

Hacer una lista, por separado padre y madre, sobre posibles áreas de prevención en cada uno de los hijos y luego comentarlas y tomar decisiones conjuntas.

Temas a hablar con un hijo concreto:

Cada uno de los padres, hablará con un hijo

sobre la importancia de «sentar primero la idea buena», prevenir, antes de la contraria y junto con él concretará acciones de mejora.

Para actuar...

OBJETIVOS DE PLANES DE ACCIÓN:

Inteligencia: Jugar a juegos de pensar...
Contar cuentos, películas...
Orden: En la ropa... En los juegos...
En los horarios...
Amistad: Conocer a los amigos de tus hijos...
Hablarles de las cualidades de un buen amigo...

UN PLAN DE ACCIÓN:
Un caso real: *Los zapatos de Marta*

SITUACIÓN:

Marta es la mayor de dos hermanos, la parejita. Marta acaba de cumplir 2 años y medio y su hermano Álvaro aún no anda, tiene 10 meses. El próximo mes hará cuatro años que se casaron sus padres, Alicia y Ricardo.

Alicia ha estudiado la educación preventiva

y además está entusiasmada con los Períodos Sensitivos: A Álvaro le ponen música clásica y a Marta le leen cuentos repetidos. Alicia quiere empezar con los hábitos de Marta.

Una noche Ricardo y Alicia charlaron sobre la cantidad de posibilidades que tenían por delante, todo menos desaprovechar la ocasión. Empezarían por el orden.

OBJETIVOS:

General: Empezar por el hábito del orden con Marta.

Concreto: Con una sola cosa: los zapatos de Marta.

MEDIOS:

Lo haremos como un juego. A Marta le gusta jugar a esconderse. Jugaremos a esconder los zapatos, los de la guardería. Marta ha empezado este año, lleva ya dos meses de «cole». Escogeremos un pequeño cajón que ella puede abrir, y procuraremos que lo haga todos los días. Al principio tendremos que ayudarla.

MOTIVACIÓN:

El domingo por la mañana, Alicia le propuso

a Marta jugar al escondite. El escondite es uno de sus juegos preferidos. Alicia le dijo que jugarían a guardar los zapatos del colegio. Tomó los zapatos, todo delante de ella, se fue a su cuarto, abrió el cajón pequeño y los metió dentro, en la esquina izquierda con las puntas pegadas a la tapa. Cerró cuidadosamente, tomó a Marta de la mano, se la llevó a la cocina y le dijo:

Marta, he escondido tus zapatos. ¡Búscalos! Marta salió corriendo, llegó a su cuarto, fue directamente al cajón y lo abrió. Su cara brilló de entusiasmo al ver que allí estaban. Los cogió y se los dio a su madre. ¡Estaba feliz!

Repitieron el juego varias veces; si hubiera sido por Marta habrían pasado todo el domingo descubriendo sus zapatos. ¡Siempre estaban en el mismo sitio! Y cada vez que los encontraba, Alicia le daba un gran beso a Marta y le decía ¡muy bien!, ¡estoy muy contenta!

UNA HISTORIA:

Desarrollo: El lunes Alicia, después de merendar, volvió a jugar a esconder los zapatos, lo hizo dos veces, y a la tercera dijo:

Toma tus zapatos, escóndelos y avísame, que yo iré a buscarlos.

Marta salió de la cocina corriendo con los zapatos en la mano a esconderlos... ¿Dónde los guardó?... En el cajón pequeño, en la esquina de la izquierda, juntos y con las puntas hacia la tapa. Cerró el cajón y regresó a la cocina corriendo.

Marta: ¡Mamá! ¡Mamá! Ya está, ahora tú.

Alicia fue al cuarto y miraba y miraba sin encontrarlos. Marta con un dedo le señalaba el cajón pequeño y Alicia no los encontraba, al fin abrió el cajón pequeño y allí estaban los zapatos. Marta le dio un beso a mamá y dijo: ¡Muy bien! Marta le propuso repetir el juego y esconderlos otra vez. A la tercera los dejó guardados y se fue a la cama.

El martes al despertarse lo primero que hizo Marta es abrir el cajón pequeño y ¡oh, sorpresa!, allí estaban sus zapatos. Mamá le dio un beso...

Al llegar del colegio, se quitó los zapatos y lo primero que hizo fue guardarlos, Alicia jugó con ella dos veces más.

Y así jugando, Marta guarda todos los días, casi todos los días, los zapatos en su sitio, y los saca por la mañana.

Ricardo: El próximo mes repetiremos el juego con los juguetes.

Resultados: Un poco laborioso, les costó algo más de lo normal, pero los resultados fueron los esperados. Ahora hace falta mucha paciencia por parte de su madre para que realmente se convierta en un hábito. Pero todo lo que vale, cuesta.

COMENTARIO:

Los niños de 2 a 3 años están en pleno Período Sensitivo del orden. Es fácil que salga bien si se hace con cariño, como un juego y mucha paciencia, luego hay que repetirlo: con sus juguetes, la ropa, los lápices y cuadernos... No es difícil.

Si conseguimos que lo hagan como costumbre, estamos haciendo que Marta tenga actitudes para el orden que le durarán toda su vida. A esto se le llama Educación Preventiva y educar cara al futuro. ¡Merece la pena!

2º PLAN DE ACCIÓN
Un caso real: *De guardia por un día*

SITUACIÓN:

Una familia numerosa. José es abogado; su

esposa, Carmen, es profesora de Inglés en un colegio privado, trabaja de 9.30 a 11.30. Tienen cinco hijos, bastante seguidos, Cristina y Mario ya son mayores, 13 y 11 años; los otros tres, Gabriela, Leti y Josemaría tienen 9, 8 y 5 años.

José: Me gustaría hacer algo que me obligue a conversar más con mis hijos; a veces pasan las semanas y estoy muy poco con ellos, salvo los domingos.

Carmen: Lo mejor es tener proyectos en común, podemos hacer un plan de acción para incluirnos todos.

El otro día, el matrimonio Moya me contó un Plan de Acción que consistía en que cada día de la semana le correspondía a uno de la familia ayudar a todos los demás.

Jose: Lo podemos llamar «De guardia por un día».

Carmen: Somos siete y la semana tiene siete días, nos toca un día a cada uno.

OBJETIVOS:

General: Mejorar en la generosidad.

Concreto: Cada día de la semana un miembro de la familia ayuda a toda la familia, hace guardia.

145

MEDIOS:

Entre todos se ha confeccionado una lista con los principales encargos, la lista es muy larga:

— Atender el teléfono.
— Abrir la puerta.
— Ayudar a poner y quitar la mesa.
— Ni un papel en el suelo.
— Apagar las luces que no se usen.
— Colocar los muebles en su sitio.
— Ayudar a papá en arreglos de la casa.
— Ayudar a mamá a hacer encargos.
— Bajar a comprar algo (solo los mayores).
— **Estar dispuesto para ayudar al que lo necesite.**

Todos los días laborables (de lunes a viernes), la hora de estudio para todos es de 6.30 a 8.30; estudiar o jugar, pero todos en su cuarto y sin pasear por el pasillo y menos correr. En este rato la guardia la hará siempre mamá.

Reparto de guardias:

— Los jueves mamá.
— Los miércoles papá.

Los demás días se hará rotando cada semana y la primera por sorteo.

En la primera semana le tocó el sábado a Mario y el domingo a Leti.

Se lo explicamos mientras íbamos de excursión en el coche, como una forma de colaborar en la casa y de ayudarnos entre nosotros, una manera de demostrar que nos queremos y vivimos muy unidos. Estaremos más contentos, y la casa tendrá más orden. Todo eran ventajas. Tenemos que tomarlo con responsabilidad.

En este momento nos cortó Leti y dijo:

Leti: Pues yo creo que es un juego muy divertido.

MOTIVACIÓN:

Fue una sorpresa muy agradable. A Cristina le pareció estupendo y como ella tiene personalidad y arrastra a todos «fue coser y cantar». Era algo nuevo y parecía divertido: «De guardia por un día». ¡Vaya responsabilidad!, saltó Mario, ¿seguro que Josemaría sabrá hacerlo?

Cristina: Claro que sí, ¿verdad, Josemaría? Tú lo harás muy bien, y si algo no sabes me lo preguntas a mí y te ayudo.

La cara de Josemaría estaba resplandeciente, si Cristina decía que él era capaz, seguro que podía.

Al regreso, tuvimos mucho tráfico y nos dio tiempo a todo.

— Repartimos los días.
— Explicamos las principales tareas a hacer.
— Y pusimos algunos ejemplos de las ayudas personales.

¡Todo en la medida de lo que podía hacer cada uno!

Si a Gabriela no le salía un problema y estaba de guardia Mario, ¡le podía pedir ayuda!

HISTORIA:

Se notaba verdadera ilusión por empezar.

Desarrollo: El primer día le tocó a Gabriela. Es difícil describir la ilusión que tenía; con su «responsabildad» se consideraba importante, todos acudirían a ella a pedirle «ayuda».

El martes a Cristina. Todo transcurrió más serio, ayudó a todos y muy bien, casi sin notarse. Ella sabía la importancia de dar ejemplo a sus hermanos. Era su punto fuerte y se notaba.

El miércoles a papá. No llegó a casa hasta las 9.30 de la noche, un poco antes de meterse en la cama. Pidió disculpas y les contó una «**historia verdadera**» a los tres pequeños. Mario la escuchó disimuladamente.

El jueves mamá. Sin problemas.

A Josemaría, el viernes; tuvimos que ayudarle entre todos, pero él se sintió muy importante, estaba feliz. Los dos días de fiesta fueron los mejores. Mario y Leti se lo tomaron muy en serio y no dejaron que nadie ayudara; era su obligación. Hubo dos peleas por este motivo pero se olvidaron pronto.

La semana siguiente, decidimos conservar el mismo día para cada uno, y salvo algún despiste más o menos intencionado, estamos contentos del resultado. ¿Cuánto nos durará? No lo sabemos.

Resultado: Aunque no dure mucho tiempo, el entusiasmo y el resultado han sido buenos. Se han dado cuenta de la necesidad de ayudar y de que así todo funciona mejor. Para Carmen y José no ha podido salir mejor. Carmen antes de empezar tenía serias dudas.

COMENTARIOS:

Es un Plan de Acción de futuro, José estaba

orgulloso porque había conseguido conversar más con su hijo; fue un objetivo extra. Al estar todos involucrados era Teoría «Z». Faltó programar una reunión semanal entre todos para evaluar el resultado, resaltando lo que se hacía mejor. El Plan de Acción está dentro de la Educación con el Ejemplo. El mejor ejemplo lo dio Cristina.

El ejemplo
de los hermanos
mayores
tiene gran valor.

PARTE TERCERA "C"

El secreto del poder está en la voluntad

G. Mazzini

LA EDUCACIÓN MOTIVADA

Educación motivada

Mucho se ha escrito sobre la conveniencia o no de los premios y castigos. Es un hecho que es una forma directa de motivar a las personas a mover su voluntad en un determinado sentido. Pero ¿es conveniente castigar? ¿Cómo debemos premiar?

Las recientes investigaciones apoyan la tesis de la eficacia de los premios y castigos, siempre que se usen adecuadamente. Y el término «adecuadamente» no es nada fácil de interpretar, y menos aún debemos utilizarlo sin un conocimiento correcto. Los premios y castigos no aplicados correctamente pueden ser contraproducentes. Pueden llevarnos a conse-

153

guir lo contrario de lo que pretendemos. En resumen: castigar y premiar, sí, pero antes hay que saber: cuándo, cómo y dónde.

Basándonos en un ejemplo de la empresa sacaremos valiosas conclusiones para la educación en la familia. La familia tiene algo de empresa.

Las motivaciones humanas y la empresa

Las motivaciones humanas han sido ampliamente estudiadas y experimentadas en el campo de la empresa.

El comportamiento de las personas en la empresa ha sido una preocupación constante en los últimos años. Existe una relación directa entre la motivación positiva de los trabajadores y los resultados económicos de la empresa:

Actitud en la empresa:	Valor:
— Se trabaja bien en equipo	compañerismo.
— Se vive un ambiente de unidad	lealtad.

— Se ayudan unos a otros	generosidad.
— No se pierde el tiempo	laboriosidad.
— Se enseña lo que uno sabe	solidaridad.
— Se respetan los derechos de las personas	justicia.
— Se cumple en el propio trabajo	responsabilidad.

Se puede hacer un cuadro similar entre la motivación negativa y los niveles de bajo rendimiento. Pero... ¿cómo conseguir la motivación correcta?

Importancia de la Motivación Nivelada:

La mayor parte de los problemas en las Relaciones Humanas de una empresa se ubican en tres niveles o en la combinación de ellos.

NIVELES	SÍMBOLO	PROBLEMA
1° Material	$	Económico: Sueldo, Vivienda...
2° Inteligencia	YO	De conocimientos: Categoría, Competencia...
3° Voluntad	TÚ	De comportamiento: Valores, Relaciones personales...

Cuando surge un problema en las Relaciones Humanas, la solución debe buscarse en el mismo nivel en el que ha surgido el problema: Recurrir a otro nivel no lo soluciona. Puede resolverlo a corto plazo, pero surgirá de nuevo y con mayor fuerza. Estas circunstancias se repiten en la educación de los hijos con unas características similares. Veamos algunos ejemplos a nivel de empresa.

Problemas en el nivel material

Si se presenta un problema económico, de petición de subida de sueldo, nivel 1°, la solución tiene que buscarse en el mismo nivel, subir el sueldo. Querer solucionar el problema ofreciendo un curso de ordenadores (nivel 2°), o apelando al espíritu de sacrificio y de lealtad a la empresa (nivel 3°), no resolverá el problema. Puede resolverlo a corto plazo pero el problema queda latente.

Problemas en el nivel de la inteligencia

Por ejemplo:

— Necesito un curso de ordenadores para poder desarrollar mejor mi trabajo (nivel 2°).

— Para cumplir bien mi misión en Recursos Humanos, debo poder asistir a las reuniones de dirección. [Petición de ascenso, a Director de Recursos Humanos (nivel 2°)].

Si ofrecemos subida de sueldo (nivel 1°), es posible que se alegren las caras y sea bien recibida, pero al poco tiempo volverá a surgir el problema. Solo una solución a su mismo nivel (nivel 2°), arreglará el conflicto.

Problemas en el nivel de la voluntad

El Director de Producción, Pedro, se reúne

con el Director General y le informa sobre un asunto reservado.

Pedro: Ayer me enteré que Alberto, el Director Financiero, recibe un dinero en su cuenta corriente por operar con el Banco «z». ¿Lo sabías? Y por si fuera poco, Javier, el Director Comercial, se ha embolsado una buena comisión por adjudicar una compra a la empresa Pecosa. ¿Qué opinas de esto?

Pedro ha planteado dos claros problemas de corrupción (nivel 3º). El único arreglo es afrontar directamente el problema y hablar con los interesados para que cambien de actitud o se vayan.

Intentar arreglar un problema de nivel 3º, con un nivel diferente, por ejemplo, comprar el silencio de Pedro (nivel 1º), no soluciona nada. Todo lo contrario. Pedro al verse sobornado tiene dos salidas:

1ª.– Si no le importa que roben dos, a partir de mañana seremos tres. (Pierde sus valores).

2ª.– Si el Director General es tan corrupto como los otros dos, me buscaré otra empresa.

(Perderá un buen empleo o actuará a partir de ahora sin motivación).

En resumen: Cada problema debe arreglarse con una solución de un mismo nivel. Si lo concretamos más: un problema en el área de los valores (nivel 3°) no se arregla con dinero (nivel 1°); los valores no se compran.

Regresando al campo de la Educación podemos decir:

— Para motivar correctamente, los premios y los castigos deben pertenecer al mismo nivel del comportamiento que se desee motivar.

— Portarse bien por dinero o por una recompensa económica degrada el valor. El bien debe buscarse por el valor que tiene en sí mismo. Si se hace por dinero, cuando este no exista, no habrá razón para hacer el bien. El premio debe de estar por encima de lo premiado y un valor se degrada si se compra con algo material.

— Al educar, tenemos como objetivo que nuestros hijos crezcan en valores positivos, virtudes, según Aristóteles, pero:

— ¿Qué es una virtud?

— ¿Qué es un valor bueno?

Educar en virtudes

¿Qué es una virtud?

Se define la virtud como «un hábito operativo bueno». La palabra «hábito» corresponde a una actitud permanente del alma; no se refiere al cuerpo ni es una costumbre.

La palabra «operativo» significa que es un acto que se realiza, que se llega a terminar; por lo tanto no es una disposición de la persona a hacer algo sino una actuación en algo.

La palabra «bueno» significa que el acto que realiza la persona es «bueno en sí mismo»; en otras palabras, **bueno** como acto, por su intención y por su fin. Por lo tanto no es suficiente que el acto sea bueno en sí, si la intención con que se hace no busca también la perfección del propio acto.

Pongamos algunos ejemplos:

Supongamos que queremos promover en los hijos:

— Que quieran estudiar.

— Que quieran ser ordenados.

— Que quieran ayudar en la casa.

Además es nuestra intención que adquieran

las virtudes correspondientes a estos tres objetivos:

— La virtud de la laboriosidad.

— La virtud del orden.

— La virtud de la generosidad.

Con el fin de conseguir estos objetivos supongamos que los premios o castigos que utilizamos, para premiarles o corregirles y potenciar estos valores, son algunos de los que transcribimos seguidamente:

— Más o menos paga.

— Dejarles en casa, sin salir, un fin de semana.

— Invitarles al cine o alquilar un buen vídeo.

— Dejarles sin ver la televisión durante un tiempo.

— Celebrar una fiesta en casa o dejarles salir de noche.

— No dejarles salir de noche o acortar la hora de llegada.

— Gritarles al ejercer la autoridad y reprenderles.

— Llegar a pegarles, en casos graves.

Todas estas acciones corresponden al nivel 1º. Son soluciones del tipo material.

Vamos a ver que con esta forma de actuar, no solamente no conseguimos que nuestros hijos crezcan en valores sino que, en ocasiones, conseguimos el efecto contrario. En el mejor de los casos, podemos conseguir y no es poco:

— La costumbre de estudiar y sacar buenas notas.
— La costumbre de ser ordenados en sus cosas.
— La costumbre de ayudar en casa y a los demás.

En apariencia puede parecer que son «hábitos operativos buenos», pero si las intenciones que les han movido a actuar de este modo, han sido los motivos arriba reseñados, podemos afirmar que lo más probable es que no exista virtud.

La realidad es que estamos actuando con premios o castigos referidos al primer nivel de motivación, nivel material extrínseco, y podemos afirmar que el fin último que les ha hecho actuar es materialista. Con otras palabras, hemos puesto como meta de un acto bueno o malo un premio o castigo material.

El resultado de estas actuaciones es que no estamos promoviendo valores y en consecuencia no estamos ayudando a nuestros hijos a que crezcan en la virtud. Cuando cambien las circunstancias y las motivaciones antes reseñadas dejen de actuar, la voluntad dejará fácilmente de actuar bien.

Veamos un ejemplo:

Un hijo, educado con premios y castigos materiales, se va un año a estudiar inglés a Estados Unidos. O al terminar el bachillerato se va a otra ciudad a estudiar la carrera. Al estar fuera de su casa no existe la motivación directa de sus padres. Tampoco hay virtud, solamente unas buenas costumbres. Con cierta facilidad puede derrumbarse todo el esquema de valores, por no estar cimentados sobre una base correcta. Su comportamiento se puede degradar.

En este caso, al regresar a su casa, puede haber perdido hasta las buenas costumbres que tenía al partir. Al no haber sido educado en verdaderas virtudes y ceder en la fortaleza, las costumbres se derrumban solas.

DIÁLOGOS FAMILIARES

Otra tarde en el club. Patricia llega corriendo y llora desconsoladamente.

Patricia: ¡Mamá!, ¡mamá! Dany me ha pegado.

Mary: Dani, ¿por qué has pegado a tu hermana?

Dani: Fue en broma, estábamos jugando a las familias, yo era el padre y Patricia la hija mayor.

Mary: Pero tú le has pegado, ¿no?

Dani: Claro, mamá. Me dijo una mentira y como yo era el padre tenía que educarla.

Mary: Bueno, Dani, dale un beso a tu hermana y ya hablaremos en casa.

Virginia: No te preocupes, Mary; todos los hijos son iguales.

Tom (Tomando su taza de café): Hoy nos toca terminar de hablar de la Educación Motivada. Creo que Mary tiene varias preguntas pendientes.

Juan: Y yo también tengo algunas dudas.

164

Mary: ¿Qué tiene de malo que le dé a Dani una paga extra por sacar buenas notas?

Juan: ¿O que les deje ver la televisión, después de ordenar todos los juguetes?

Tom: De malo, malo, tiene poco, pero no estáis educando en Valores a vuestros hijos. Les estáis acostumbrando a estudiar por un premio material o a ordenar los juguetes por ver la televisión, que también es algo material; puede que la costumbre la adquieran, y eso no es malo, pero no hay VIRTUD.

Mary: No lo entiendo. ¿Por qué no es VIRTUD?

Tom: Porque para que haya virtud hay que hacer las cosas libremente y porque son buenas, buscando hacer el bien en sí mismo. Estudiar es bueno en sí mismo: alegro a mis padres y cumplo un deber. Pero si estudio por dinero, por miedo al castigo o por ir a una fiesta, el día que no haya dinero, miedo o fiesta, no estudiaré porque ha desaparecido el motivo por el cual estudiaba.

Mary y Juan guardan silencio, están preocupados, Tom continúa:

Tom: Si yo estudio porque es algo bueno en sí mismo y es mi responsabilidad social, ese motivo no se acaba nunca y lo haré por el valor que tiene estudiar. Si el motivo es material, reforzamos en el hijo el materialismo, el consumismo o el temor al castigo. Además este tipo de motivación necesita cada vez más un premio mayor o un castigo más fuerte. ¡Creedme, no es el camino correcto!

Mary: Pero si le animo a estudiar para que el día de mañana sea alguien importante, tenga una buena carrera o simplemente sea el primero de la clase, ¿qué hay de malo en esto?

Tom: Aparentemente nada, pero el motivo por el que estudian es un motivo de soberbia: «yo» soy el mejor, ¡tener una buena carrera para ganar mucho dinero! Estamos volviendo a desviar el fin. Si tu hijo ve que no va a llegar a ser el primero o lo de la carrera está aún muy lejos, pierde la motivación para estudiar y lo más probable es que no lo haga.

Juan: Ayer nos explicaste que los problemas y las soluciones debían ser del mismo nivel. En el caso de la empresa lo vi muy claro. ¿Te importaría ponerme un ejemplo educativo? ¡En cada uno de los niveles!

Virginia: Te los pondré yo, así Tom descansa. Tom, corrígeme si me equivoco:

Motivaciones por niveles

Primer nivel:

Dani rompe un jarrón jugando a la pelota en el salón. El problema es de desobediencia (nivel 3) y material (nivel 1): ha roto un jarrón. Es correcto que parte del jarrón lo pague de sus ahorros.

Dani te ayuda a limpiar el coche; Ana le da media hora diaria de clase de aritmética a Dani; es correcto premiar con dinero. Han hecho un trabajo extra que no entra en las obligaciones familiares.

Segundo nivel:

Ana ha sacado malas notas en física, y la castigas el sábado a que no salga de casa hasta que haya estudiado todo, pero cuando termine la dejas salir. El problema fue que no se supo la lección (nivel 2) y el castigo es que la aprenda (nivel 2). Correcto.

167

Un hijo trae malas notas (nivel 2), le castigas sin salir de casa el sábado y el domingo (no puede divertirse –nivel 1–); podrás conseguir que no salga, pero no necesariamente que estudie, puede estar en su cuarto y no estudiar.

Dani ha sacado unas buenas notas y le compras un libro o un juego que le gusta. Ambas cosas sirven para aprender (todo nivel 2).

Juan: es muy difícil que un Premio o Castigo sean solo de un nivel, realmente yo veo que todos son un poco de todos los niveles, los libros también cuestan dinero. ¿Qué me dices de esto?

Tom: Tienes razón. Sacar malas notas por mala suerte es nivel 2 y sacar malas notas por pasotismo o por ver la televisión es nivel 3. La educación no es una ciencia exacta, es un arte, pero como tendencia sí suele ser cierto. Perdona la interrupción, Virginia; vas muy bien, sigue.

Virginia (Continuando su exposición):

Tercer nivel:

Si Ana no ha estudiado porque no ha querido o ha dejado su cuarto sin hacer por pereza, ambos problemas son del nivel 3°, ¿ha fallado la voluntad? Debes motivarla para que cambie de actitud, y razonar con ella sobre su mal comportamiento. Yo te aconsejaría lo siguiente:

— Habla con ella cuando la encuentres tranquila y alegre.

— Razónale sobre lo que significa hacer las cosas bien.

— Refuerza su autoestima. Ella es capaz de hacerlo.

— Reconoce su primer cambio positivo.

Mary: ¿Y si a pesar de todo no me hace caso?

Tom: Después de dejarle claro los motivos para actuar bien no hay inconveniente en castigarla en algo material; pero yo te aconsejo que el castigo no le caiga por sorpresa. Avísala que la vas a castigar si lo repite, y que lo harás por su bien.

Mary: ¿Y si lo repite?

Tom: No dudes en castigarla; no hacerlo sería contraproducente.

Virginia: Me falta el caso positivo del tercer nivel.

Juan: Es verdad, ¡sigue!

Virginia: Desde pequeños hay que acostumbrar a los hijos a que el hacer las cosas bien hechas, ser bueno, lleva el premio en sí mismo. Mi abuelo le llamaba:

> *La alegría*
> *del deber*
> *cumplido.*

El hacer las cosas bien además de ser una obligación, lo normal, nos pone contentos y hace la vida más feliz a los demás... ¡Deben saber valorar esto!

Tom: El tema de hoy es muy delicado.

Juan: ¿Por qué lo dices?

Tom: Recuerdo un caso concreto, por otro lado frecuente. Un padre leyó un libro sobre cómo motivar bien, y en la primera oportunidad lo puso en marcha. Su hijo de 16 años regresó del colegio con tres sobresalientes, y su padre, cumpliendo lo de los niveles, le dio un beso y le dijo que estaba orgulloso de su hijo, que siguiera así...

Juan: Y el hijo le dijo que...

Tom: Exactamente lo que estás pensando: *«Papá, déjate de tonterías y dame la 'pasta' como siempre; esta noche tengo una fiesta y no estoy para bromas».*

Virginia: Cuando los hijos son mayores y están acostumbrados a los premios materiales, no se puede cambiar de táctica de golpe. Hay que hacerlo poco a poco y charlar juntos sobre estos temas, para sensibilizarle.

Juan: Eso es muy difícil.

Tom: Menos de lo que te imaginas. La gente joven es más idealista que nosotros, pero hay que razonárselo.

Virginia: Recuerdo un caso de un hijo de 15 años. Estaba acostumbrado a que el sueldo fuese consecuencia directa de los estudios. Los padres, en una escuela de familia, aprendieron lo que era la Educación Motivada. Y llegaron a un acuerdo con el hijo: la paga iba a ser constante e independiente de las notas (el dinero es una necesidad como el comer o el dormir). Si sacaba malas notas se quedaba en casa sin salir, todos los días, hasta haber estudiado y hecho los deberes del próximo día. En este caso, que conozco de cerca, el resultado fue un éxito, los propios padres no se lo podían creer.

Juan: En resumen, cuando llevamos muchos años educando a base de castigos y premios materiales, el cambio hay que hacerlo poco a poco y charlando mucho.

Mary: Creo que debemos empezar a hablar con nuestra hija Ana, es una interesada. ¿Y a Patricia, tampoco le puedo ofrecer un caramelo si se lo come todo?

Virginia: Con los niños pequeños igual. No se debe premiar un buen comportamiento con caramelos o juguetes, ni se debe chillar o pegar por hacer algo mal hecho. ¡A no ser que avises antes y le expliques bien la razón de portarse bien!

Mary: Entonces no les puedo comprar nunca nada.

Virginia: Cómprales lo que quieras, pero la razón de la compra no debes unirla a portarse bien. Te he comprado este juguete o estos caramelos:

— Porque es tu santo;

— porque hoy es fiesta;

— porque te quiero mucho;

— para divertirnos los dos.

Pero no por ser buenos... ¿Queda claro?

Mary: ¡No es nada fácil!

Tom: Si lo tomamos como norma, espero que sea más sencillo; al final lo harás sin darte cuenta.

Mary: Lo intentaremos.

UN PLAN DE ACCIÓN

Un caso real: *Premiando con dinero*

SITUACIÓN:

La familia Álvarez, Ernesto y Sofía, pensaban que lo hacían bien. Para Ernesto el dinero era la medida de los premios y castigos. Para Sofía, los regalos. Tenían cinco hijos: Susana (6 años), Carolina (8 años), y los tres mayores, Leticia, Luis y Alberto con 16, 14 y 11 años respectivamente.

Las niñas eran buenas estudiantes. A los varones, especialmente a Luis, se les hacía el estudio cuesta arriba. Ernesto era dueño de una empresa de construcción: hace unos años le fue muy bien. Sofía es economista, solo trabaja en su casa pero está al día de su profesión, lee mucho, a veces ayuda a Ernesto en su empresa y espera ponerse a trabajar en unos años.

Hace una semana tuvieron una reunión de viejos amigos, y Carlos, un pedadogo al que le gusta estudiar, les estuvo hablando de los «sistemas modernos de educación», como él los llamaba. Ernesto, al día siguiente, se compró un libro titulado *La Educación Motivada*.

Sofía: Convéncete, Ernesto, de que tenemos que cambiar.

Ernesto: Yo pensaba que lo hacíamos bien, pero este libro lo explica muy claro.

Sofía: Cuando los hijos vayan a estudiar fuera de casa, podemos tener serios problemas.

Ernesto: Bueno, tampoco es para tanto.

Sofía: Los que más me preocupan son Luis y Carolina.

Ernesto: En el último curso que asistí sobre «La misión del directivo», nos pasamos el mes estableciendo estrategias y haciendo

174

*Planes de Acción. Es muy fácil, así que fija-
remos los objetivos y haremos un Plan de
Acción. Cambiar es de triunfadores.*

*Sofía: Siempre que sea para mejorar... Tú
tan optimista como siempre... ¡De acuerdo!*

OBJETIVOS:

General: Educar en valores verdaderos (Virtudes).

Concreto: Cambiar el sistema de incentivos.
No premiar y castigar con dinero.

MEDIOS:

A los dos mayores se lo explicaremos a solas
hasta convencerles del cambio. No tenemos
prisa, llevamos así quince años y se puede esperar. Luis, aunque es más difícil, tiene buen
corazón y lo entenderá.

Contando con Leticia y Luis, espero no tener
problemas con los tres pequeños. Aprovecha-
remos un fin de semana para explicárselo y
comentarlo; luego hablaremos con cada uno
para conocer sus opiniones. No hay prisa,
pero el día que decidamos ponerlo en marcha

será de golpe, en asuntos como estos las me-
dias-tintas son peligrosas, te expones a retro-
ceder. Debemos dar la impresión de seguridad
y firmeza.

UNA MOTIVACIÓN:

La motivación no presentaba problemas
aparentes, lo haríamos como siempre, ya estaban acostumbrados.

— Es por el bien de la familia.
— Será mejor para ti; es por tu bien.
— Como padres queremos lo mejor para
nuestros hijos.
— Queremos hacerlo con tu consenti-
miento.
— Tendremos más «fuerza de voluntad».

La expresión «fuerza de voluntad» como algo
bueno para la vida, la habían oído muchas veces. Yo estaba convencido de que todo iba a salir bien, tenemos una familia formidable. Mi esposa tenía sus dudas, pero... saldría bien.

UNA HISTORIA:

Desarrollo: La entrevista con Leticia corrió

a cargo de su madre. Ella supo explicárselo, y aunque surgió alguna duda al principio, estaba dispuesta a aceptarlo: a partir de ahora su paga sería fija, ni más ni menos; esto la tranquilizó, a cambio pondría más esfuerzo en el estudio.

En casa no se pagaría ningún encargo, todos ayudaríamos gratis. Para compensar esto se subió algo la «paga fija».

Con Luis hablé yo. Entré directo al tema, le expliqué todo. Luis es listo, al final me desarmó con una simple pregunta:

— Pero papá, ¿para qué tanto esfuerzo, si vivimos así tan bien?

La pregunta siguiente me tranquilizó algo más:

—¿Me prometes que no me rebajarás la paga? ¿Aunque saque malas notas?

A Sofía le comenté que Luis había aceptado, pero que quizá sus objetivos eran diferentes de los nuestros.

Dejamos pasar dos semanas y volvimos a tocar el tema. Esta vez resultó mejor; al menos lo habían pensado.

Durante la semana siguiente, lo planteamos a todos. Aceptado por los dos mayores, los tres pequeños no opusieron resistencia, hasta les gustaba el cambio.

Hoy hace tres meses que lo pusimos en marcha. En resumen puedo decir que el proyecto resultó bien, excepto con dos: Luis y Susana. A Luis no le convencía el sistema. Pienso que no supimos motivarle. El problema de Susana era diferente. Niña mimada, la pequeña, estaba acostumbrada a recibir cosas por todo, caramelos, chucherías... El dinero no le importa, pero los premios de besos no le bastan.

Resultados: La experiencia fue menos brillante de lo que se esperaba. Luis es muy especial y el cambio no le va. Con Susana habrá que recuperar el camino perdido, no será difícil. Con Luis pueden tener problemas.

COMENTARIO:

Es un caso típico de «Cambio de timón directo». No suele ser fácil. Están practicando la Educación Preventiva. Por la historia no parece que cuenten con la Sinergia Positiva. Suele ser buena aliada.

Hay algo muy positivo, Sofía y Ernesto se dieron cuenta de la necesidad del cambio y han puesto los medios: están educando en futuro.

La educación personalizada

Dentro del amplio significado de la palabra *personalizada* trataremos en este capítulo solamente una parte muy concreta. Nos referiremos a la educación de la Voluntad dentro de la familia. Padres y hermanos serán los principales protagonistas y la educación en las virtudes el objetivo. Los problemas más frecuentes a corregir serán: el egoísmo, la envidia, la soberbia y los celos. Debemos ayudar a nuestros hijos, a cada uno en particular, a ser personas libres y responsables.

Todas las personas somos distintas, únicas e

irrepetibles. Cada hijo necesita recibir una educación diferente, una educación personalizada.

Algunas causas que determinan las diferencias personales son:
— La herencia genética.
— Las circunstancias de la gestación.
— Los estímulos recibidos.
— Ser el primer hijo.
— Ser el segundo hijo.
— ....
— Ser el último hijo.
— Los amigos del colegio.
— Los profesores.
— Las enfermedades.
— El carácter.
— El temperamento.

Cada uno de estos elementos, entre otros, ayudan a configurar una forma de ser diferente. Todos ellos están relacionados entre sí y se automodifican. El desarrollo evolutivo es distinto, y todo unido configura personas con diferentes aptitudes, gustos, aficiones...

Cada hijo debe de ser tratado y educado según las necesidades de su propio ser.

Para conocer algo bien es conveniente referirlo a un patrón; y partiendo de este punto podemos analizar las diferencias y estudiar sus causas. Cuando tenemos el primer hijo es más difícil saber cómo es:

— No tenemos patrón directo de comparación.

— No tenemos experiencia propia.

Al llegar otros hijos comparamos unos con otros y es más sencillo encontrar diferencias.

En cualquier caso es conveniente tener un modelo de referencia. Existen libros, específicos para cada edad, que nos facilitan un modelo de comparación, nos ayudan a conocer mejor a cada hijo y nos indican o aconsejan diferentes formas de educar según cada caso.

Para poder juzgar bien la forma de ser de un hijo, es necesario conocerle a fondo, no verlo desde fuera, y esto requiere un trato y una convivencia estrecha, no siempre fácil de conseguir.

Una buena decisión es intensificar las relaciones padres-hijos durante los fines de semana.

Conviene recordar que los hijos no nacen estudiosos, perezosos, ordenados, obedientes, retraídos, miedosos..., sino que se hacen o los ayudamos a hacerse así; la injerencia genética es inferior al 20%.

De aquí la importancia de plantearnos cómo educar a cada hijo.

En la educación de un hijo es aconsejable considerar las circunstancias siguientes:

1 – Cómo es un niño de esa edad.

2 – Cómo es él en realidad.

3 – Cuáles son sus puntos fuertes.

4 – Cuáles son sus debilidades.

5 – De qué oportunidades dispongo.

6 – Qué peligros externos debo evitar.

Los dos primeros nos definen el punto de partida. Los puntos 3 y 4 corresponden a circunstancias propias del hijo, internas a él, y las dos últimas son elementos exteriores que nos facilitan o dificultan la acción.

¿Cómo es un niño de esa edad?

Es una información que no nos la proporciona nuestro hijo; la tenemos que buscar fuera: experiencias de otras personas, pedagogos, libros... Cuando son pequeños es muy interesante conocer los Períodos Sensitivos y los Instintos Guía.

Es aconsejable informarse y no inventar algo distinto de lo que es él en realidad.

¿Cómo es él en realidad?

Su realidad no siempre hay que cambiarla: él es así, y es bueno que tenga su propia personalidad, solo hay que actuar para facilitarle que sea mejor como persona. Si es pequeño le ayudaremos a corregir sus malos hábitos y a potenciar los buenos. Si tiene uso de razón esos hábitos deben convertirse en valores positivos queridos por ellos mismos, en otras palabras, en virtudes.

¿Cuáles son sus puntos fuertes?

Los hijos no nacen con puntos fuertes, sino que, como decía un experto en educación, *hay que «hacerlos crecer»*.

Ayudas para potenciar los puntos fuertes pueden ser:

— *Tener una buena imagen de ellos.*
— *Alabarles lo que hacen bien.*
— *Aumentar su autoestima.*
— *Hacerles ver que yo «soy capaz»...*

Es importante que las personas tengamos una buena imagen de nosotros mismos y en este punto la influencia externa es decisiva.

¿Cuáles son sus debilidades?

Es más fácil potenciar un punto fuerte que corregir un defecto.

Otra máxima muy conocida en pedagogía dice:

Los defectos
se corrigen
por la retaguardia.

En otras palabras: «Para corregir un defecto, potenciar la VIRTUD contraria».

Si es egoísta   foméntale la generosidad.
Si es un vago   ayúdale a ser laborioso.

Si es desordenado en los estudios	hazle ordenado con los juguetes o hobbys.
Si es un pasota	poténciale su deporte favorito.

En todas las personas hay VICIOS Y VIRTUDES. Si les ayudas a mejorar en un valor, en una virtud concreta, mejorarán en todas las demás. Las virtudes son como las cerezas, tiras de una y las demás vienen detrás. Pero lo mismo ocurre con los defectos.

¿De qué oportunidades dispongo?

No siempre está en nuestras manos dar la mejor solución a un problema. En ocasiones es más conveniente que sea otra persona la que ayude a mejorar a un hijo, esta es una situación normal si se trata de adolescentes. ¿Qué oportunidades exteriores existen?

— Un preceptor en el colegio.
— Un buen amigo.
— Un pariente cercano.
— Un hermano mayor.

— Un amigo de la familia.

Pueden ser oportunidades materiales o de situación.

¿Cuál es el mejor momento para hablar con un hijo?

— Un fin de semana tranquilo.
— Un viaje de trabajo al que hemos hecho que nos acompañe.
— Un día de compras.
— Un partido de fútbol en que jugamos juntos.

Otras oportunidades dependen de las disposiciones personales. Debemos buscar el momento más oportuno. Recordemos que se gana eficacia si escogemos una situación: alegre, tranquila, amistosa...

¿Qué peligros externos debo evitar?

Es la otra cara de la moneda:

— Hablar con él después de un disgusto.
— Olvidar la influencia de aquel amigo que no te gusta.
— Los juegos en la calle que no te facilitan el arreglo.

— Ese lugar de veraneo que no es el ambiente mejor.

— La televisión puede ser un peligro externo.

Si evaluamos los peligros estaremos en mejores condiciones para evitarlos.

Me viene a la memoria aquella buena madre que me dijo:

Los he educado a todos igual de bien
y el tercero no parece hijo nuestro.

¡Pues claro!

Otro consejo, no fácil de lograr:

Que cada hijo
se sienta
importante
en casa.

Deben notar que sus padres les quieren especialmente. No los trates en manada. Que cada uno, él solo, tenga la oportunidad de contarte sus cosas «importantes»: lo que le pasó en el colegio, sus grandes problemas... Hazte las siguientes preguntas:

¿Cuánto tiempo hace que no hablo a solas con mi hija Patricia?

¿Cuánto tiempo hace que Álvaro no me cuenta cómo lo pasa en el colegio?

No esperes para hablar con ellos a que:

— Haya problemas;

— tengas que pedirles algo;

— tengas que regañarles.

¡Que tus hijos se sientan importantes!

¡Que tus hijos piensen que sus padres les quieren!

Que lo piensen ellos, no que tú les quieras. Es muy diferente el matiz.

**Habla
con los hijos
a solas.**

Si lo haces desde pequeños, estarás preparando una adolescencia llena de *confianza*, de *sinceridad*, de *amistad* y para esas edades es importante. Ese objetivo lo tienes que ganar antes, luego te encontrarás las puertas cerradas, y no te las han cerrado ellos; simplemente tú no las abriste en su mejor momento.

190

DIÁLOGOS FAMILIARES

Hablemos de los celos

Hilda y Ana se quedaron en casa de Ana, Javier estaba malo y se ofrecieron a cuidarle. Los dos matrimonios se fueron de excursión. Los tres niños, Patricia, Dani y Enri, iban en el coche con sus padres.

Tony y Virginia iban solos en el coche. Aún faltaba media hora para llegar al parque Natural de la Pedriza. Llevaban de todo para comer en el campo.

Tom: Juan y Mary no se han dado cuenta de que Patricia tiene celos de Javier.

Virginia: Yo creo que lo saben, pero no le dan importancia.

Tom: Hoy deberíamos sacar el tema de los celos, pueden llegar a crear problemas graves.

Virginia: Sobre todo si no se le da importancia. A Patricia la encuentro más parada que cuando era pequeña, ha perdido la alegría.

Tom: Está muy delgada. Mary dijo que comía mal.

Virginia: Son síntomas claros de un problema de celos. No hay más que ver cómo se agarra a su madre cuando está con Javier.

A las 12.30 llegaron al pie del río Manzanares. No había mucha gente. Les esperaba un buen día. Montaron su mini-campamento. Prepararon la comida, se dieron un baño y se dispusieron a comer.

Mary: Espero que Javier se encuentre bien, con el constipado que tiene es mejor que esté en casa.

Virginia: Ana y Hilda ya son mayores y lo sabrán cuidar, no te preocupes.

Durante la comida:

Mary: Qué bien está comiendo Patricia.

Juan: Está muy contenta, ha venido en el coche cantando y jugando con Dani y Enri.

Terminada la comida, recogieron. Los niños se pusieron a jugar a los tesoros y los mayores empezaron la tertulia:

Juan: Ayer comentábamos, Mary y yo, lo mucho que estamos aprendiendo. Tom parece una enciclopedia, ¡y pensar que yo creía que ya lo sabía todo!

Tom: Nos falta el último tema: La Educación Personalizada.

Juan: Está de moda, ahora todo es personalizado.

— El coche.

— Las camisas.

— El ordenador.

— Las vacaciones.

— El perfume.

Parece que acabamos de descubrir que las personas somos todas diferentes.

Mary: Y hablando de educación, ¿qué nos vas a contar?

Tom: Te adelanto algunos consejos:

— A los hijos no se les puede tratar en manada.

— Cada uno debe sentirse importante.

— Se deben fomentar las aptitudes que les diferencia.

— Deben tener su propia personalidad.

Hay un peligro importante que puede causar estragos: «**La envidia**»

Diálogos sobre la envidia

Juan: Igual que en la empresa, las personas somos siempre las mismas, siempre la misma problemática. No importa la edad.

Tom: Pero somos diferentes.

Mary: Tom, por favor, no te pierdas en la empresa, baja al ruedo y háblame de los hijos. En mi familia el problema de la envidia no existe, ¿verdad, Juan?

Tom: La envidia es algo difícil de extirpar, ¡lo llevamos dentro!, lo malo es que suele venir disfrazada.

Juan: En una empresa hay envidia cuando se oyen expresiones como:

¡Eso es tu responsabilidad; para eso te pagan!

¡Ese es tu problema! ¡Resuélvelo tú!

¡Mi trabajo me ha costado aprenderlo!

¡Lo que pasa es que ha tenido suerte!

¡Unos tanto y otros tan poco!

Fue la nota técnica que discutimos la semana pasada.

Mary: ¡Cállate, Juan! ¡Ese curso de empresa te ha marcado bien! Sigue, Tom. Y con los hijos, ¿qué?

Virginia: La envidia es algo muy corriente entre los hermanos, y a veces difícil de arreglar pero, como la palabra envidia no es muy bonita, la llamaremos «Celos».

Mary: Creo que en casa hay un poco de «pelusilla», celos como dice Virginia, entre los dos pequeños. Los tienen muchos niños, no es importante.

Tom: No diría yo lo mismo, Mary. Puede que en tus hijos no tenga importancia, pero los celos es algo serio y debe controlarse.

Juan: Tom, yo creo que esta vez te estás pasando. ¡Virginia!, ¿no es verdad que tu marido exagera?

Virginia: Es cierto que a veces Tom pone el punto de mira un poco alto, pero no en esta ocasión. Conocemos casos de celos mal curados que han traído consecuencias para toda una vida.

Mary: Ponme un ejemplo.

Tom: Los niños no pueden remediar tener celos, no son conscientes de lo que les está pasando. Para ellos es un problema grave, puede cambiarles su personalidad si no se trata bien.

Virginia: ¿Tú no has sentido celos de Juan, Mary?

Mary: Sí, fue antes de casarme, y recuerdo que me lo hizo pasar muy mal, estuve a punto de romper con él y arreglarme con otro, solo por despecho.

Virginia: Y esa obsesión, ¿no te perseguía a todas horas?

Mary: Aún lo recuerdo, me tuvo algunas noches en vela..., luego se lo conté todo y se me pasó.

Virginia: Pues igual les pasa a nuestros hijos o peor:

— *Piensan que su madre ya no les quiere.*
— *Piensan que van a perderla.*
— *Pueden llegar a odiar a su hermano.*

Pero en cualquier caso los niños sufren y hasta suelen cambiar su forma de comportarse y sus costumbres; pueden volverse retraídos o extravertidos y nerviosos, hay para todos los gustos.

Tom: Si no se corrige a tiempo puede influirles de forma definitiva en su carácter, en su comportamiento hacia los demás y en la forma misma de ver la vida.

Juan: ¡Tom! ¡Vuelves a exagerar!

Virginia: Defiendo a Tom. En los primeros años de vida se forma lo que será de mayor la persona, la influencia es muy importante y estos problemas pueden marcar para toda la vida.

Mary: Os pasáis de negativos. Patricia tiene celos de Javier pero yo creo que pocos. De todas formas, menos meterme miedo y más soluciones ¿Qué debo hacer para que desaparezcan los celos?

Tom: No es fácil. Existen algunos libros sobre los celos. No son muchos los que hablan sobre ellos, pero te puedo recomendar alguno.

Mary: Adelántame algo, me tienes preocupada.

Tom: Estábamos comentando que no hay dos personas iguales, todos los hijos son diferentes y se puede afirmar que no hay dos clases de celos iguales, cada caso tiene sus características propias; esta es la razón de que no

197

valgan las recetas, cada situación debe estudiarse.

Mary y Juan: ¡Y a quién vamos a consultar! ¡Vaya problema!

Virginia: En educación los mejores médicos son los propios padres, vosotros debéis vigilar el problema, sacar conclusiones e ir aplicando soluciones hasta que deis con una que funcione. Tom sabe cerca de veinte reglas diferentes para tratar el problema de celos en niños pequeños.

Mary: Ya puedes ir contándome todas.

Tom: Mis papeles me los dejé en Monterrey, mi memoria no es buena y algunos de los consejos ya los hemos comentado, pero te resumiré alguno más.

Mary: Espera que tome papel y lápiz. ¡Esto lo apunto!

Tom: No hay reglas fijas, solo son consejos, excepciones todas. Te sugiero alguno:

Los celos se crean en un solo sentido, de un hijo hacia el otro, y no son recíprocos.

En la mayor parte de los casos el mayor de los dos es el que tiene celos del otro.

Por lo tanto, solo hay que tratar a uno.

Mary: En mi caso está clarísimo: Patricia tiene celos de Javier, los tiene desde que nació, hace casi dos años.

Tom: Otro consejo:

Cada vez que hablas del problema lo refuerzas.

¡Te he dicho que no pegues a Luisito!

¡No le quites los juguetes!

¡Debes darle un beso y quererle mucho!

Basta que se lo recuerdes para que los celos crezcan y le pegue más. Es más eficaz que lo olvide.

Mary: Pero, ¿cómo consigo que lo olvide?

Virginia: No te preocupes, Mary; existe otra sentencia, la número quince, dice:

Los celos
se pasan
con el tiempo.

Mary: ¡Vaya consuelo! Cuando ya no tenga remedio.

Tom: Pero existe otra, la dieciséis, que nos indica lo que tenemos que hacer para que ese tiempo sea lo más corto posible; para mí es una de las principales.

Mary: ¡Podías haber empezado por ahí!

Tom: Supongamos dos hermanos de 2 y 4 años. El de 4 años tiene celos del pequeño; dicen que es un buen camino fomentar la autoestima del mayor en algo que el de 2 años no pueda hacer, y reconocerle los éxitos. Que se encuentre el único en ese tema, por ejemplo:

— Cómprale unos patines y enséñale a patinar.

— Juega al juego de «la isla del tesoro» o al ajedrez.

— Dale encargos importantes en casa.

Le refuerzas su «Yo soy capaz» en ese terreno en el que no tiene competencia con su hermano, y reconoce los éxitos con cariño y apretones. Se olvidará de sus celos.

Virginia: Apretujar a los hijos es importantísimo, tienen que notar que se les quiere físicamente.

Abraza
a tus hijos
con fuerza.

200

Mary: Juan, esta noche hablaremos sobre Patricia, algo debemos hacer.

UN PLAN DE ACCIÓN
Un caso real: *El hijo problema*

SITUACIÓN:
Somos una familia numerosa, cinco hijos. Felipe es el del medio, acaba de cumplir 7 años. Es nuestro «hijo problema»: no destaca en nada, pasa inadvertido. Sus hermanos pequeños vienen muy seguidos; siempre que riñen los hermanos, tiene él la culpa, ¡al menos eso pienso! El pequeño ya lo dice: ¡Felipe, cuándo venga mamá, te pegará!

Es retraído, triste, y sus notas son regulares... Sentimos preocupación por Felipe, cada vez más pasota. Estamos leyendo un libro sobre los celos y pienso que Felipe también ha sufrido por tener celos del hermano que sigue, eso fue hace cuatro años. No le dimos inportancia, ahora tiene menos celos.

Mi marido y yo hemos decidido hacer un

Plan de Acción, muy parecido a uno que trae el libro; solo tenemos que adaptarlo a Felipe, aunque sabemos que llevará tiempo conseguir resultados.

OBJETIVOS:

General: Que Felipe gane en autoestima.

Concreto: Darle encargos fáciles de cumplir y jugar más con él.

MEDIOS:

Le daremos los encargos de contestar el teléfono, abrir la puerta y bajar a la tienda de la esquina a por el pan. Jugaremos al ajedrez o al fútbol, recibirá una atención muy especial de sus padres, le preguntaremos todos los días cómo le ha ido en el colegio. A partir de ahora, Felipe será importante.

MOTIVACIÓN:

Su padre habló con Felipe y le dijo:

Papá: Pronto cumplirás 8 años, ya eres mayor, tenemos que prepararte, te daremos más responsabilidad en casa y papá jugará al fútbol contigo, los domingos; serás muy bueno.

UNA HISTORIA:

Desarrollo: Hace dos meses que empezamos el Plan de Acción con Felipe. Las dos primeras semanas fueron bastante tristes, Felipe puso muy poco entusiasmo y le costaba hacer los encargos. Lo consideramos un Plan de Acción fracasado. A pesar de todo insistimos y nos dimos cuenta de que lo más positivo era jugar al fútbol y los juegos en casa. Decidimos reforzar estos puntos.

Hace un mes nos propusimos alabar lo que hacía bien, no era mucho. Esto sí dio resultado, cada vez tomaba más interés por todo, la semana pasada hubo un retroceso, pero si lo comparamos con la situación de hace dos meses el avance ha sido bueno.

Resultado: Estos problemas son lentos de resolver, pero estamos contentos, lo estamos haciendo sin que los hermanos sepan nada, creemos que es mejor. Las últimas notas son mejores, es un síntoma.

COMENTARIO:

Es un Plan de Acción de Pasado, se está resolviendo un problema que existe. Entra dentro de la Educación Personalizada, hay que ocuparse de Felipe especialmente. Se está aplicando la Sinergia Positiva (Educación efectiva). Los padres necesitan «paciencia y constancia» para conseguir que Felipe mejore.

Este problema puede darse con 4 o con 17 años. Muchas de las personas que llamamos inadaptadas encuentran la raíz de su situación en un problema parecido a ese y mal resuelto. En ocasiones puede solucionarse solo, pero es más seguro actuar.

PARA PENSAR
PARA ACTUAR...

Para recordar...

Los hijos deben saber que un buen premio es:
LA ALEGRÍA
DEL DEBER CUMPLIDO.

Para reforzar la autoestima de nuestros hijos es bueno:
QUE CADA HIJO SE SIENTA
IMPORTANTE EN CASA.

Para leer...

Un quererse cada día más es un buen principio para educar mejor:

Nº 38: *Matrimonio para un tiempo nuevo.*
Autor: Antonio Vázquez.

Si quieres educar a tus hijos en la fe cristiana:

Nº 11: *Dios y la familia.*
Autor: Jesús Urteaga.

Para
pensar...

No es fácil premiar y castigar en el nivel trascendente (3º). Piensa en cómo hacerlo para cada uno de tus hijos. Al menos tres ejemplos por hijo.

Piensa en los peligros a que está sometido uno de tus hijos: en la calle, con los amigos, en el colegio, en la televisión, etc. Y piensa también en cómo ayudarle para contrarrestarlos.

Para
hablar...

Temas para hablar entre los padres:

Un día después de cenar reuniros los dos y por separado escribir en un papel los puntos fuertes y los débiles de vuestro matrimonio. A continuación cambiaros los papeles y mantener una buena conversación para eliminar los débiles y quereros cada vez más.

Temas a hablar con un hijo concreto:

Hablar con cada uno de vuestros hijos sobre la necesidad de no premiar ni castigar con premios materiales y conversar sobre otros tipos de premios como alternativa. Si en este tema no tenéis problemas hablar con ellos sobre las ventajas de actuar así para reforzar este criterio.

Para actuar...

Objetivos de Planes de Acción:

Memoria: *Música repetida... vídeos repetidos...*
Jugar a juegos de memoria...

Autoestima: *Potenciar sus puntos fuertes...*
Entrenarle en un deporte o en un juego...
Reconocerle lo que hace bien...

Alegría: *No llorar... Poner buena cara cuando...*
Pedir las cosas por favor... agradecerlas...

UN PLAN DE ACCIÓN
Un caso real: *Lo tenían claro*

SITUACIÓN:
Gema y Esteban «lo tenían claro». De novios ya se empezaron a preparar como futuros padres. Cuando Gema se quedó en estado de Isabel, empezó a aplicar la lista de Planes de Acción que tenía preparada:
Algunos objetivos:
— Oír música clásica.
— No tener estrés.
— Vida tranquila.
— Hablar con Isabel.
Ya han pasado seis años. Después de Isabel vinieron Nuria (4 años), y Felipe (2 años). La semana pasada, en la reunión de grupo, se apuntaron a un programa de Educación Familiar. Les dieron una nota técnica sobre:
«La educación motivada»
Con ese tema no habían empezado aún.
Pero tenían que tomar medidas.

OBJETIVOS:
General: Motivar en nivel 3°.
Concreto: No dar premios materiales.
Premiar con cariño y reconocimiento.

MEDIOS:

Las compras de toda clase de golosinas y pequeñeces en el supermercado y en los pequeños «puestos» de la calle, que eran continuas, quedarían suprimidas.

La costumbre era darles algo, por portarse bien. Había que buscar la colaboración de la abuela y de la tía Clara; siempre que venían a casa les daban cosas y lo peor es que añadían:

— Esto porque habéis sido buenos.

— Esto por portaros bien.

— Lo otro para que comáis todo.

— Esto para que mañana...

Todo era para compensar algo... Justo lo contrario de lo que pone la «Nota Técnica».

MOTIVACIÓN:

Dada la edad de los niños, y siguiendo las instrucciones aprendidas, era mejor no dar ninguna razón del cambio. Se cambiaba y basta. A los niños no les dijimos nada. Gema y yo nos motivamos mutuamente.

— El asunto era de vital importancia.

— Estábamos practicando Educación Preventiva.

— Teníamos que tener paciencia.

— Y constancia....

Aquí está el caballo de batalla; en la constancia. Nos lo repetimos varias veces: tomamos la decisión de hacerlo libremente y...

SEREMOS CONSTANTES

HISTORIA:
Todos los Planes de Acción que habíamos estudiado tenían unas historias muy largas; el nuestro casi no tenía historia, lo pusimos en marcha y ya está.

Desarrollo: Al principio nos pedían de todo..., como siempre. Tardaron algunos meses en acostumbrarse. Ahora, ya no hay problema. No se les ocurre pedir lo que saben que no se les da.

En la historia los problemas: fuimos Gema y yo por un lado, y la abuela y tía Clara por otro. Pero ya lo hemos aprendido.

Se me olvidaba: cuando hacían algo bien lo reconocíamos, y eso les gustaba:

— Qué bien has comido.

— Qué ordenada eres.

— Eres un cielo.

— Estoy muy contenta con mi hija.

Resultado: Ya lo hemos dicho. Todos más contentos.

COMENTARIO:

Es un caso típico de:

— Llegar antes.

— Educación Eficaz.

— Y Educar en Futuro.

Ha sido bien planteado y sin complicaciones. Como muy bien dijeron los protagonistas, a estas edades el problema está en que **los padres, «quieran hacerlo»**. La paciencia y la constancia siempre. Pero educar es además divertido... ¡Cuando se toma con buen humor!

GUÍAS DE TRABAJO

CÓMO
EDUCAR LA VOLUNTAD

Guía de trabajo

CÓMO EDUCAR LA VOLUNTAD

Comprende los capítulos 1 y 2.

OBJETIVOS:
Que mis hijos crezcan en valores.
Aplicar el dicho: Es mejor prevenir
que curar.
Hacer cada vez mejor los Planes de Acción.

TRABAJO INDIVIDUAL:
1. Una lectura rápida y otra lenta
marcando lo importante.
2. Apuntar las dudas que surjan en la
interpretación del texto.
3. En la pág. 42 encontrarás seis valores
y la edad en que se vive su período
sensitivo. Escoge un hábito y haz un Plan
de Acción para potenciarlo en tu hijo más
pequeño.
4. En educación, los padres, si supiésemos
hacerlo, lo podríamos conseguir casi todo.
Sueña cómo te gustaría que fuesen tus hijos.
Elige los seis valores que tú consideres más

importantes y anótalos. Escoge uno para empezar a mejorar y haz un Plan de Acción sencillo. Ponlo en práctica.

5. Es mejor prevenir que curar. Anota tres temas en los que debas informar a tu hijo más pequeño antes de que sea tarde. Conversa con él e infórmale.

6. Lee las págs. 19 y 20, sobre «Los Planes de Acción». Escribe tres objetivos de Planes de Acción. Uno de pasado, otros dos de presente y futuro. Uno de ellos ponlo en práctica.

7. Lee despacio el caso: **«Mis dos hijas mayores»** págs. 62 a 66. Fíjate en la estructura: Situación - Objetivos - Motivación - Una historia... Inventa una a tu gusto con la misma estructura para aplicarlo a un hijo, mejor si tiene menos de 10 años. Ponlo en práctica.

TRABAJO EN GRUPO:
1. Tratar de aclarar las dudas de interpretación que hayan surgido al leer el texto.

2. Es mejor prevenir que curar. Exponer lo trabajado por cada familia en el punto 5 del trabajo individual.

3. Cada asistente expondrá los tres objetivos de Planes de Acción escritos en el punto 6 del trabajo individual. Anotarlos todos clasificándolos en pasado, presente y futuro. Completar la lista hasta llegar a 12.

4. Comentar otros Planes de Acción realizados en el trabajo individual y aportar los seleccionados en otros grupos de trabajo.

5. Seleccionar los tres mejores Planes de Acción aportados en esta sesión.

6. Recordar entre los asistentes las normas que deben regir en una reunión de trabajo en grupo según la Teoría «Z». Poner varios ejemplos de objetivos de planes de acción.

7. TRABAJO OPCIONAL: Dar 5 minutos para leer individualmente el caso: «**Mis dos hijas mayores**», páginas 62 a 66. Analizar los hechos, problemas que puedan surgir. ¿Qué haríamos nosotros para mejorarlo?

Guía de trabajo

Nº 50 B

CÓMO
EDUCAR LA VOLUNTAD

Guía de trabajo

CÓMO EDUCAR LA VOLUNTAD

Comprende los capítulos 3 a 5 inclusive.

OBJETIVOS:
Educar en un clima de mayor eficacia.
Aplicar la educación Preventiva.
Educar con el ejemplo aplicando
la Teoría «Z».

TRABAJO INDIVIDUAL:
1. Una lectura rápida y otra lenta marcando lo importante.
2. Apuntar las dudas que surjan en la interpretación del texto.
3. Proponte un día educar en un clima de alegría, tranquilidad, confianza, delicadeza y cariño. Haz balance con las veces que no lo hiciste. Repítelo varios días hasta notar la mejora.
4. Practica un día el método *Sí, Sí... Y,* y anótalo.
5. Busca la lista de PREVENIR ES: (capítulo 4). Elige dos temas de los dieciséis

expuestos y haz dos Planes de Acción para prevenirlos.

6. Lee despacio el caso: «**Crecer en la confianza**» (capítulo 4). Inspirándote en él haz un Plan de Acción parecido con tus hijos.

7. Aplica la Teoría «Z» y da ejemplo. Estudia el caso: «**De guardia por un día**». Capítulo 5. Adáptalo a tu familia y haz un Plan de Acción similar.

TRABAJO EN GRUPO:

1. Tratar de aclarar las dudas de interpretación que hayan surgido al leer el texto.

2. Comentar la importancia y la dificultad que representa educar en un clima de: Alegría, tranquilidad, confianza, delicadeza y cariño. Aportar las experiencias vividas.

3. Inspirándose en el caso: «**De guardia por un día**», hacer una lista de encargos hechos y posibles a hacer propios para la edad de vuestro hijo, más de veinte encargos diferentes.

4. Comentar otros Planes de Acción realizados en el trabajo individual, y aportar otros hechos con otros grupos.

5. Seleccionar los tres mejores Planes de Acción aportados en esta sesión.

6. Recordar entre todos los asistentes:
a) Preguntas que es bueno hacer a la persona que cuenta su Plan de Acción.
b) Preguntas que no se deben hacer. Anotarlas.

7. TRABAJO OPCIONAL: Entre todos los asistentes dar ideas para hacer Planes de Acción en Teoría «Z» sobre estas tres situaciones: Una excursión familiar. Un día de lluvia en casa. Los estudios en casa.

GUÍA DE TRABAJO
▬ Nº 50 C

CÓMO
EDUCAR LA VOLUNTAD

Guía de trabajo

CÓMO EDUCAR LA VOLUNTAD

Comprende desde el capítulo 6 al final

OBJETIVOS:
Premiar y castigar más correctamente.
Enseñar a usar el dinero a los hijos.
Fomentar la autoestima en la familia

TRABAJO INDIVIDUAL:
1. Una lectura rápida y otra lenta marcando lo importante.
2. Apuntar las dudas que surjan en la interpretación del texto.
3. Hacer una lista de los premios y castigos materiales que sueles emplear en tu familia. No la debes comentar en grupo. Haz un Plan de Acción para premiar correctamente.
4. No es sencillo modificar en una familia la forma de premiar y castigar cuando no se hace bien. Piensa cinco ejemplos de cómo premiar o castigar en el nivel 2º y 3º. Haz un Plan de Acción.

5. Enseñar a usar bien el dinero es educativo. Lee el caso: «**Premiando con dinero**», capítulo 6, y haz un Plan de Acción para mejorar en tu familia; mejorar se puede siempre.

6. Fomentando la autoestima se educa mejor. Haz un Plan de Acción para aumentar la autoestima en tus hijos. Para inspirarte lee nuevamente el caso: «**El hijo problema**», capítulo 7.

TRABAJO EN GRUPO:

1. Tratar de aclarar las dudas de interpretación que hayan surgido al leer el texto.

2. Cada familia aportará los ejemplos que haya pensado de cómo premiar o castigar. (Corresponde al punto 4 del Trabajo individual).

3. Comentar primero las ventajas de aumentar la autoestima en los hijos y contar los Planes de Acción realizados.

4. Comentar otros Planes de Acción realizados en el trabajo individual y contar los hechos en otros grupos.

5. Seleccionar los tres mejores Planes de Acción aportados en esta sesión.

6. Exponer las razones por las cuales estamos viviendo un cambio de cultura educativa, anotar las principales características de la nueva educación y la necesidad de formarse.

7. TRABAJO OPCIONAL: No es sencillo premiar y castigar en el nivel adecuado. Con paciencia y tiempo ir haciendo una lista larga, hasta que llegue la hora de terminar la sesión, de premios y castigos en los niveles 2 y 3. Hacerlo por turno, aportando todos y anotarlo.

ÍNDICE

PARTE SEGUNDA "B"
LA EDUCACIÓN EFICAZ
Y PREVENTIVA

PARTE TERCERA "C"
LA EDUCACIÓN MOTIVADA

SUSCRÍBETE A LA REVISTA MENSUAL DE LA COLECCIÓN HACER FAMILIA Y TE REGALAREMOS EL LIBRO QUE TÚ ELIJAS

Secciones de la revista

El Arte de Educar por edades
Matrimonio al día
Reportajes y entrevistas
Estimulación temprana
Aficiones y hobbies juveniles
El carácter
Tiempo libre: libros, vídeos, cine
y programas de ordenador
Club de Goncio para los más pequeños

(Boletín de suscripción, en la página siguiente.)

BOLETÍN DE SUSCRIPCIÓN

NOMBRE Y APELLIDOS: ....

DIRECCIÓN: ....

POBLACIÓN: ....

C.P.: ....PROVINCIA: ....

TEL.: ....E-MAIL: ....

N.I.F.: ....

Nº de Hijos: .... Año nacim. del mayor: ....

FORMA DE PAGO

❑ DOMICILIACIÓN BANCARIA

Nombre y apellidos del titular: ....

Banco: ....

Domicilio: ....C.P.: ....

Población: ....Provincia: ....

Les ruego que, con cargo a mi cuenta, atiendan los recibos que les presente EPALSA

Código Cuenta | | | | | | | | | | | | | | | | | | | | |

Banco   Sucursal   D.C.   Nº Cuenta

❑ VISA / Master Card   Fecha de caducidad ..../........

Nº | | | | | | | | | | | | | | | | | | Firma del titular:

❑ Transferencia a nombre de EDICIONES PALABRA
c/c Nº ES82 0049 4693 9825 1002 4778 del Banco Santander

❑ Talón adjunto nº.................................

PERSONA QUE ABONA LA SUSCRIPCIÓN (Solo en caso de que no coincida con el suscriptor)

Nombre y apellidos: ....

Dirección: ....

Población: ....

Provincia: ....C.P.: ....

Tel.: ....NIF: ....

	12 Números	24 Números
España	34,50 €	65,90 €
Extranjero (Superficie)	46,00 €	89,00 €
Europa (Aéreo)	49,25 €	95,50 €
Resto del Mundo (Aéreo)	58,60 €	114,20 €

PRECIOS VÁLIDOS HASTA SEPTIEMBRE DEL 2006

Ediciones Palabra, S.A.
Pº de la Castellana, 210 - 28046 Madrid
Tel.: 91 350 83 11 - Fax: 91 359 02 30
suscripciones@edicionespalabra.es

DESEO RECIBIR GRATUITAMENTE
EL LIBRO DE LA COLECCIÓN HACER FAMILIA Nº.....
DE LA SIGUIENTE LISTA

Recortar y enviar a EDICIONES PALABRA, S.A.- Castellana, 210 - 28046 Madrid - Tfno.: 91 350 83 11

HACER FAMILIA

educar en valores

Ayuda a los padres en la difícil tarea de educar
y contribuye a mejorar la vida familiar.

■ CÓMO EDUCAR

■ **EDUCAR POR EDADES**

■ **MEDIOS EDUCATIVOS**

TÍTULOS DE ESTA COLECCIÓN
PUBLICADOS EN INGLÉS

Guías para educar

Pequeños manuales prácticos
para saber más y educar mejor

EDICIONES PALABRA, S.A. - Castellana, 210 - 28046 Madrid
Telfs.: 91 350 77 20 - 91 350 77 39 - Fax: 91 359 02 30
www.edicionespalabra.es - epalsa@edicionespalabra.es